JN044925

京都生活協同組合有識監事

渡辺 峻

生協組織の
マネジメント

事業の社会性と収益性をいかに一体化・統合するのか

文理閣

金融庁企業会計審議会内部統制部会は、「内部統制に関する基本的枠組み」文書における「effectiveness and efficiency of operations」（COSO報告書）に関する誤訳・誤読・誤解を早急に是正すべきである。

　　日本生協連内部統制委員会は、誤訳・誤読を含む金融庁「枠組み」文書を無批判に模倣・鵜呑せず「内部統制の目的」としての「業務の有効性と効率性」の意味内容を正確に理解して、自主的・自律的に「内部統制システム構築に関する基本方針」を確立すべきではないか。

はしがき

●生協組織は生き残れるか

「生協があと数十年もつとは思えない」「生協の未来が見えない」「生協には展望がない」、時おり生協の内部から聞こえてくる悲鳴のような発言は、果たして根拠なき自嘲論・自虐論・悲観論なのであろうか。

いま、少子高齢化・無子高齢化の進展にともない、総人口・労働力人口が減少し、国内の消費市場が縮小化している。その動向の中で、スーパー、コンビニ、ドラッグストア、ネット通販業（ネットスーパー）などが、熾烈な生き残り競争を展開しており、その煽りを受けて、生協事業は劣勢を余儀なくされている。

多くの生協組合員が、営利企業の顧客として奪われており、「生協を利用しない」「生協以外で多くを購入する」組合員が増加して、実に約57％を占めている（日本生協連調査）。そして、「組合員ひとり当たりの生協利用額」は減少し、生協全体の「総事業高」「組合数」「店舗数」もまた一貫して減少している（厚生労働省「消費生活協同組合（連合会）実態調査」）。

さらに、組合員の高齢化・休眠化・減少化が急速に進んでおり、生協組織の存続にとって極めて深刻な事態である。現状では50〜80代の高齢組合員が圧倒的な多数派であり、20〜30代の若い世代の組合員は極めて少なく、約10％程度である（日本生協連調査）。若い世代が増加する兆しは少しも見られず、仮にもしこのまま推移すれば、あと数十年後には生協の組合員が大幅減少し、総事業高が大幅減少することは不可避である。

　また、労働力人口の減少により、生協事業の担い手の「不足」を
もたらし、とくに個配・宅配など物流を担う人材確保が生き残り競
争の焦点になっており、省力化を基調にした新しいビジネスモデル
の開発・構築が急務である。さらに、メインの食品供給事業は永ら
く安定事業とされてきたが、総人口の減少により食品需要が絶対的
に減少しており、いまや生協事業の全般のあり方・考え方を再検
討・再構築せざるを得ない。

●求められる新しいビジネスモデルの開発

　生協組織が厳しい環境のなかで21世紀を生き残るには、「事実を
直視しない根拠なき楽観論」とともに「変革の視点を忘れた悲観
論・絶望論」の両者を克服・止揚しなければならない。

　生協が、現状の事業を存続・発展させて未来を切り開くには、お
かれた社会環境に潜んでいる「目的達成を制約している要因」を分
析・識別・評価し、その事実判断に基づいた戦略的な意思決定が不
可欠である。そして、環境要因・状況要因に適応する新しいビジネ
スモデルを開発・構築して、生協事業のあり方を抜本的にイノベー
ションすることが求められている。

　とくに、組合員の高齢化・休眠化が進展するなかでは、若い世代
に魅力のある事業展開・組織づくりが不可欠であり、それに成功し
なければ生協組織の未来はない。日本生協連の調査によれば、20
～30代の若い世代の生協認知度は極めて低く、生協のことを「何
も知らない」がほぼ半数を占めている。若い世代にとっては、「生
協」は未知の存在であり、それでは生協に加入・利用する意欲も、
生協で働く意欲も生じない。生協が生き残るには、若い世代の組合
員および従業員を確保し、増やすことは最低限の必須条件である。

　さらに、生協が生き残るには、自主的・民主的な組織体・運動体であるという強みを最大限に活かす事業を展開するしかない。そして地域住民の自治組織や自治体の行政組織などと幅広く連携・協働を強化し、一体となって地域住民の生活ニーズや地域社会の課題に応える新しいビジネスモデルを開発・実行するしかない。

　つまり、地域住民の多様な生活ニーズおよび地域社会の抱える社会的課題を、生協事業としての収益性を確保しつつ、地域住民・地域社会と協働・連携して解決する取組であり、いわば「生協型ソーシャルビジネスの展開」である。それには、地域創生や地域活性化の取組と合流することが不可欠であろう。壮大な事業ではあるが、それに成功しなければ生協組織の存続は困難であろう。

●求められる組織マネジメントの改革

　また、生協組織が21世紀に生き残り、未来を切り開くには、組織マネジメントのあり方・考え方を、抜本的に改革・改善することが急務だと思われる。

　筆者の印象ではあるが、現状では「経験とカン」や「古い経営学の考え方」（古典派経営学）が根強くて、その呪縛・拘泥・執着・固執が、組織マネジメントの改革・改善の大きな阻害要因になっている、と思われる。しばしば組織内にて散見される時代錯誤的な「管理過程論（PDCAサイクル論）」など「古い考え方」は、「ISO認証」の残滓・残骸であろうが、すみやかに克服・一掃されねばならない。そして、新しい経営学の考え方（現代経営学）の知識・知見に基づいて、組織マネジメントを速やかに改革・改善することが急務であろう。

　ここで現代経営学とは、バーナードやサイモンの理論を基礎にし

たマネジメント論の総称であり、具体的には、組織均衡論、経営戦略論、意思決定論、組織行動論、状況適応リーダーシップ論、マーケティング論などの一連の議論である。

これらに共通する特徴は、事業運営をオープンシステムとして捉え、すべての組織成員・貢献者を「自律人・自己実現人モデル」（自律的な行為主体）として把握する点にある。そして組織成員・貢献者の欲求・ニーズに応えて貢献意欲・貢献活動を確保・強化し、組織目的を達成しようとする「環境適応の組織マネジメント論」である。したがって、従業員満足度や顧客満足度の向上など、組織成員・貢献者の動機満足（欲求充足）は最重点の課題である。換言すれば民主主義的な全員参加型・逆ピラミッド型の組織運営の追求である。

この議論は、今日のビジネス界や経営学界では広く国際的に支持されており、国内外の経営学教科書の標準的な内容であり、またビジネス系大学や大学院（ビジネススクールMBAコース）のカリキュラム内容でもある。したがって、多くの企業経営者のみならず、ビジネスパーソン、経営コンサルタント、学生・大学院生たちが普通に学習している普通の議論であり、論争的な見解ではない。

多くの先進的な企業組織においては、すでに現代経営学の知識・知見・パラダイムに基づき組織活動をマネジメントしているが、生協組織においても、その学習・研鑽は不可欠・急務であろう。

仮にも生協の経営者・組織リーダーが、現代経営学の知識・知見もなく組織マネジメントに携わることは、乱暴・無謀な行為と言うしかない。

それは、あたかも「発達科学の知識・知見もなく小学生を教育する行為」「コーチング学の知識・知見もなくアスリートを育成する行為」「統計学の知識・知見もなく情報を数量的に解析する行為」

「臨床心理学の知識・知見もなく悩める人にカウンセリングする行為」などに類似している、と言えるだろう。

●本書の刊行の意図

　本書全体を貫く内容は、現代経営学の基本パラダイムの平易な概説である。とくに生協組織が「内部統制の目的」として冒頭に掲げている「業務運営の有効性と効率性（effectiveness and efficiency of operations）」について、多くの紙数を割いて説明している。

　本書は、大きく３つの部分から構成されている。第１部は、生協組織に、現代経営学の基本パラダイムが、いかに歪められて浸透しているか、その一つの原因を究明している。第２部は、生協組織が現代経営学を学習する必要性と、その基本的なパラダイムについて説明している。第３部は、生協組織のマネジメントの具体的な諸問題を現代経営学の視点から論究している。

　本書が、「事実を直視しない根拠なき楽観論」とともに「変革の視点を忘れた悲観論・絶望論」の両者の克服・止揚に寄与するのであれば幸いである。ささやかな小著であるが、生協組織のマネジメントの抜本的な改善・改革に寄与し、新しいビジネスモデルの開発・構築・導入に貢献ができるとすれば、これに勝る喜びはない。

　本書は、オムニバス風に記述しており、どこから読んでも自己完結的に理解できるように工夫をしている。そのために、アチコチにて部分的な記述のダブリがあるが、この点はご了解・ご容赦を願いたい。なお、抽象的な議論の苦手な人は、第３部の具体的な事例の部分から読むことを勧めたい。本書のテーマについて、さらに理論的・系統的な学習を深めたい人は、巻末に掲げた参考文献の購読を勧めたい。

　本書が想定している読者は、すべての生協関係者であるが、とりわけ生協の組織リーダーおよび生協労働組合のリーダーには読んでいただきたい。生協組織の存続・発展と「人間を大切にする組織マネジメント」の実現を願うすべての生協関係者に読んでいただきたいと思う。

　本書の刊行に際して文理閣代表・黒川美富子さん並びに編集長・山下信さんのお世話になった。記して厚く御礼を申し上げたい。

　　　　2019 年晩秋　　　　　　　　　　　　　　　　渡辺　峻

生協組織のマネジメント
目次

第 2 部

生協組織における「業務運営の有効性と効率性」

第3部

生協組織とマネジメント

第❶部

「内部統制の目的」に関する
日本生協連の「誤解」

——生協組織における「組織成員の動機満足（効率性）」と
「組織目的の達成（有効性）」との一体化を巡って——

❶ はじめに
なぜ「基本方針」に経営学の視点が消失したのか

● COSO報告書についての金融庁の「誤訳」

　近年、国内外の営利組織および非営利組織においては、内部統制（Internal Control）の取組・強化が叫ばれており、日本の金融庁は「内部統制に関する基本的枠組み」を提示して、行政機関の立場から指導をしている。

　それを受けて、日本生協連においても取組が強化され、金融庁の「枠組み」や法律・規則などの行動基準を模倣・踏襲して、「内部統制システム構築に関する基本方針」を確立しており、それに基づき傘下の生協組織もまた取組みを強化している。

　周知のように、日本の金融庁の提示する枠組・行動基準は、基本的にアメリカの取組の模倣であり、COSO（Committee of Sponsoring Organizations of the Treadway Commission）の内部統制フレームワーク等の関係文書（以下、COSO報告書という）が、金融庁により翻訳・紹介されて、その主要な内容が踏襲されている。

　たとえば、COSO報告書においては「内部統制の目的」として、その冒頭にて「effectiveness and efficiency of operations」を掲げているが、それを日本の金融庁の「内部統制の基本的枠組み」文書も「模倣・踏襲」している。

　ここでいう「effectiveness and efficiency」の概念は、現代経営学（現代組織論）における重要なコア概念であり、そのルーツはバーナードの文献に求められる。ここで「effectiveness」とは、組

織目的の達成程度のことを意味しており、また「efficiency」とは、個々の組織成員・貢献者の動機満足の程度を意味している。そして両者の同時的な実現（一体化・統合）が、組織活動の存続・発展に不可欠な条件である。

　しかしながら、日本の金融庁の「枠組み」文書においては、COSO報告書の言う「effectiveness and efficiency」のペア概念の意味が、本来の意味（現代経営学の示す意味）とは異なる意味に誤訳・誤解・誤読して紹介している。そして、誤訳・誤解・誤読にもとづき「内部統制の目的」を説明しているために、金融庁の示す「枠組み」「基準」に従って活動する多分野の組織活動に、悪しき影響を及ぼしている。

●日本生協連に及んだ「誤訳」の影響

　たとえば、日本生協連の「基本方針」も、その傘下の生協組織の「方針」も、金融庁の誤訳・誤解・誤読にもとづいて記述されているために、「内部統制の目的」について内容上の「歪み」をもたらすとともに、現場の組織マネジメントの改革・改善の大きな阻害要因になっている。

　どんな翻訳・紹介でも、細部の小さな誤読・誤解・誤訳はあり得るが、最も重要な「内部統制の目的」という根幹部分に関する誤訳・誤解・誤読であり、看過できない。その結果として金融庁の「枠組み」文書や、それを無批判に踏襲した日本生協連の「基本方針」には、COSO報告書の示した「effectiveness and efficiency of operations」の本来の意味内容（現代経営学の示す意味内容）が消失していると思われる。

そのために、生協における組織マネジメントの改革・改善の阻害
要因になっているのみならず、末端組織の現場において「理事会」
や「代表理事」の業務を監査する監事としては、職務を遂行する上
で大きな困惑・支障を来している。筆者は、その一人として金融庁
の誤訳・誤解・誤読の弊害の大きさを痛感・苦慮している。

ここでは、まず日本の金融庁の「枠組み」文書において、なぜ
「effectiveness and efficiency」に関する誤訳・誤解・誤読が生じた
のか、国内外の関係文書を精査・追跡して原因を究明したい。

とともに、金融庁会計審議会内部統制部会には、誤読・誤解・誤
訳をすみやかに是正して、正確な意味内容を踏まえた「枠組み」文
書を作成・普及することを要請したい。

また日本生協連内部統制委員会には、誤訳・誤解・誤読を含む金
融庁の文書を無批判に模倣・鵜呑することなく「effectiveness and
efficiency」の意味内容を正確に理解して、自主的・自律的に「方
針」を確立することを望みたい。

❷ 現代経営学におけるEFFCTIVENESS とEFFICIENCYの概念

●現代経営学とバーナード＆サイモン

もともと「effectiveness and efficiency」という概念は、現代経
営学（現代組織論）においては、最も重要なコア概念である。それ
は組織活動（協働行為）の存続・発展のための不可欠な条件・要因
を示しており、その理論的なルーツはバーナードの文献に求められ

る。ここではまず「effectiveness and efficiency」という概念が、本来どのようなコンテキストのなかで、どのような意味・内容として理解・認識されているのか、それを見ておこう。

　組織や管理の研究分野において、Chester I. Barnard（チェスター・バーナード）の代表作（主著）である The Function of the Executive, Harvard University Press, 1938（山本安次郎・田杉競・飯野春樹訳『経営者の役割』ダイヤモンド社）が、現代経営学（現代組織論）のグランドセオリーであることに多言を要しない。同書の登場は、「経済学におけるケインズ革命」に匹敵する「経営学におけるバーナード革命」とされており、組織論や管理論の新しい時代の到来を象徴している。バーナードが現代経営学（現代組織論）の創始者であると呼ばれる所以でもある。

　ちなみに、彼の理論を継承・発展させたのが、Herbert A. Simon（ハーバート・サイモン）の Administrative Behavior：a study of decision-making process in administrative organizations, 1946（邦訳『経営行動』ダイヤモンド社）であり、のちにサイモンは、この書物でノーベル経済学賞を授与された。

　バーナード＆サイモンの議論は、現代社会では多方面の学問分野（社会科学系）に多大なる影響を与えており、また営利・非営利を問わず、企業・行政・自治体などの組織管理におけるグランドセオリーにもなっている。

　国内外における大半のビジネス系大学および大学院では、バーナード＆サイモンの議論をベースにしてカリキュラムが組まれている、と言っても過言ではない。とくにビジネススクール（経営大学院ＭＢＡコース）においては、経営コンサルタントやビジネスパーソンたちが、その学習・研鑽に励んでいる。

　また国際的に見てもバーナード＆サイモンの議論は、経営学分野の最重要文献に位置付けられている。たとえば先年、中国の指導者たちは改革開放路線に舵を切ったとき、「4つの近代化」のひとつに「大工場のマネジメントの近代化」を挙げたが、そのためにバーナードの著作を中国語に翻訳・刊行・普及し、さらにサイモンを直接に中国に招聘して指導を受けたことは有名である。

●自律人・自己実現人モデルの組織論

　現代経営学（現代組織論）の特徴を一言で表現すれば、民主主義の成熟を暗黙の前提にして、「組織成員」「組織の中の個人」を「自律人・自己実現人モデル」として措定することにある。それは、テイラーやファヨールの古典派経営学に見られる「他律人モデル・経済人モデル」でもなく、レスリスバーガーやメイヨーなどの人間行動学派（新古典派経営学、人間関係論）に見られる「社会人モデル・集団人モデル」でもない。

　ここで「自律人モデル」とは、組織の中の個人（組織成員）は自由意思を持ち自らの選択力を行使して自律的に行動する（できる）主体として捉える考え方である。とくに現代人が、自己実現欲求・成長欲求の充足に強く動機づけられることに着目して、「自己実現人モデル」とも呼んでいる。

　現代経営学（現代組織論）では、「自律人・自己実現人モデル」を前提にして、個人や組織を動態的に把握することが特徴である。つまり組織の中の個人は、自律的に行動して目的を達成する行為主体であり、また組織は共通目的の達成のために活動する協働システム（協働行為）として把握するので、ここでは「組織」と「組織活動」

とは同義である。

　組織活動は、人間の行動に関わる非人格的な諸力・諸要因（たとえば動機・満足・欲求・充足・目的・達成・意欲・誘因・貢献・伝達・受容など）を特定の観点から意識的に調整することで成立・存続して共通目的を達成する。

　したがって、組織活動とは実体ではなくて「電磁場」のような触知しえない「人力の場」であり、特定の観点から諸力・諸要因を調整・規制することでのみシステムとなる社会的な「生き物」である。それゆえ組織活動をマネジメントするとは、上記のような諸力・諸要因を意識的に調整・規制して、組織活動を成立・始動・存続・発展させることであり、それが経営者の基本的な役割である。

　まず組織活動（協働行為）が成立・始動するには、次の３つの要因・条件（非人格的な諸力）が不可欠である。すなわち、①意思・気持・情報の相互伝達（コミュニケーション）、②達成すべく掲げた目的の共有化（共通目的）、③共通目的の達成に貢献する意欲（協働意欲）である。いずれを欠いても組織活動（協働行為）は成立・始動しないが、これらの３要因を維持・調整することを「内的均衡」と呼んでいる。

　ひとたび成立・始動した組織活動（協働行為）は、それを存続・発展させねばならないが、そのためには「effectiveness and efficiency」の２つの条件・要因が不可欠である（ibid., pp.55-56）。

●現代経営学における「effectiveness」の意味

　組織活動（協働行為）が存続・発展するための一つ目の条件は、組織活動の共通目的が継続的に達成すること、すなわち

「effectiveness」のことであり、バーナードの説明によれば、「the accomplishment of the recognized objective of the cooperative action」である。

　いかなる組織活動であっても、掲げた共通目的を継続的に達成しない（できない）のであれば存続することはない。たとえば、自動車会社が1台のクルマも作らず、1円の利益もあげないのなら存続することはない。患者の怪我や病気を治療しない病院組織は存続する意味がなく廃院しかない。同様に、学生を教育しない学校組織は存続できない。さらに火災を消火しない消防署組織、心の救済をしない宗教組織など、いかなる組織活動でも、自ら掲げている目的を継続的に達成しない（できない）のでは、存続はありえない。

　組織活動が目的を達成するには、絶えず環境要因・状況要因に適応した目的を採用することが条件である。環境要因に適応していない目的を採用しても、それは達成できない。それゆえ目的に適応するように環境要因・状況要因を変更するか、それが不可能であれば組織活動の目的を放棄・変更するしかない。ともあれ組織活動が存続するには、たえず環境適応して共通目的を継続的に達成すること、つまり「目的→達成→新しい目的→さらに達成──の連続」が求められる。このように、組織活動の共通目的を継続的に達成することを、現代経営学では「effectiveness、有効性」と呼んでおり、それが組織活動の存続・発展のための不可欠な条件である。

　この「effectiveness、有効性」という概念は、上記のコンテキストで使用される現代経営学における固有の学問的な概念・用語である。仮にそれが日常生活に登場するコトバと同一であっても、本来の学問的な意味・内容を正確に理解し受容せねばならない。それを自分勝手に「国語辞典」的に解釈しては、意味不明となり議論が混

乱する。しかし、この概念についての誤解・誤読が、日本生協連とその傘下の生協組織内に広く蔓延しているように思われる。

●現代経営学における「efficiency」の意味

　組織活動（協働行為）が存続するための二つ目の条件は、組織を構成する個々の成員が共通目的の達成過程（貢献活動）において、自己の動機を満足（欲求充足）すること、すなわち「efficiency」である。バーナードの説明・記述によれば、「the satisfaction of individual motives」のことである。

　人間の行動・活動とは動機満足（欲求充足）のプロセスであるから、組織目的の達成過程において個々の組織成員の動機満足度が高ければ、それだけ貢献意欲は高揚して貢献活動は強化される。つまり組織成員の動機が満足することが、貢献意欲・貢献活動の確保・強化の前提条件である。

　「efficiency」とは、組織成員の動機の満足を示す概念であるが、ここで言う「組織成員」とは組織目的の達成に直接・間接に貢献する行為主体すなわち「貢献者」のことである。組織活動とは、共通目的を達成する協働行為であるから、そこでの構成員とは目的達成に貢献する行為主体（貢献者）を意味する。企業組織であれば、従業員、顧客、株主、債権者、協力会社、取引銀行、地域住民などが「組織成員・貢献者」になる。それは法律・規則・定款などに規定されている「組織成員」とは、必ずしも同一ではないので注意が必要である。

　従業員は「働く」「仕事をする」という貢献をするし、顧客は製品・商品を「購買する」という貢献をする。株主は「出資をする」、

協力会社は「製品・部品を供給・納入する」、債権者や取引銀行は「資金を融資・融通する」という貢献をする。地元住民は「協力・協賛・賛同」という貢献をする。日常生活的な感覚では「組織成員」のなかに「顧客」「株主」「債権者」「地域住民」などを含めることは奇異かもしれないが、ここでは共通目的に直接・間接に「貢献」する限り組織成員に含まれる。

それらのすべての組織成員・貢献者の直接・間接の貢献活動なくして事業組織の共通目的が達成することはない。かくして、経営者は管理職能として、組織成員・貢献者に欲求・ニーズに適応した誘因（魅力・報酬・利益）を提供して、従業員満足・顧客満足・株主満足・住民満足を獲得し、共通目的に対する貢献意欲・貢献活動を確保・強化する。

個々の組織成員・貢献者の欲求・動機については、生存欲求、関係欲求（社会的欲求）、自己実現欲求（成長欲求）などさまざまであるが、何に強く動機づけられるかは、人により、国により、時代により大きく異なる。そのために「従業員意識調査」「消費行動調査」「購買活動調査」「顧客ニーズ調査」「市場調査」などを通じて、経営者はたえず個々の組織成員の欲求・動機を正確に把握し、それに適応した誘因を提供することになる。

仮に組織成員の欲求・動機に適応しない誘因（利益・魅力・メリット）を提供しても動機満足は生まれない。動機が満足しなければ、貢献意欲・貢献活動も獲得できず、組織活動は安定的に存続・発展しない。つまり、「誘因と貢献のバランス」をうまく調整する組織均衡が不可欠である。その際、組織目的の達成の視点から言えば、少ない「誘因の提供」によって、多くの「貢献を獲得」することが重要な課題である。

　それを逆に個々の組織成員・貢献者の側から言えば、少ないアウトプット（貢献・犠牲・負担・労働）によって、多くのインプット（誘因・利益・魅力・メリット）を享受できれば、大いに動機は満足して、それは「効率が良い」「能率的だ」になる。したがって、現代経営学では、個々の組織成員・貢献者が共通目的の達成過程（貢献活動）において自己の動機を満足（欲求充足）する程度のことを「efficiency、効率性・能率」と呼んでいる。

　これもまた、現代経営学において固有の意味・内容をもって定着・普及している学問的な概念・用語である。それを日常生活で用いるコトバと混同視して、自分勝手に「国語辞典」的に解釈・理解すれば議論は混乱して意味不明になる。

　実際に、日本生協連および傘下の生協組織内においては、「efficiency、効率性・能率」の概念についての誤解・誤読が広く蔓延・流布しており、生協の業務マネジメントの改革・改善の阻害要因のひとつになっている、と痛感するのは筆者のみではあるまい。このような誤解・誤読が、生協組織内に蔓延した原因については、のちに詳細に分析・考察する。

●現代経営学における「effectiveness and efficiency」の一体化の意味

　組織活動が共通目的を達成するには、個々の組織成員・貢献者の動機・欲求に適応した種々の誘因（魅力・利益・メリット）を提供して、それと引き換えに組織成員からの貢献（労働・負担・犠牲）を獲得することが求められる。組織成員・貢献者の側からすれば、自分の提供する貢献（労働・負担・犠牲）に比較して享受する誘因（魅力・利益・メリット）が、少なくとも同じ程度か、それ以上のと

きに自己の動機は満足し、共通目的に対して貢献する。

　つまり、「effectiveness」は「efficiency」なくしてはあり得ないし、また「efficiency」は「effectiveness」なしにはあり得ない。つまり両者は相互に他者を前提にして成立するペア概念であり、両者が一体化して、組織活動の存続・発展の条件になっている。この「effectiveness、有効性」と「efficiency、効率性・能率」の両者を維持・実現することを現代経営学では「外的均衡」と呼んでいる。この組織活動の外的均衡を維持・実現することが、経営者の組織マネジメントの根幹である。

　ここから「effectiveness」と「efficiency」とを同時的に実現（一体化）するシステム・取組・仕組・制度・考え方が開発・構築・導入される。たとえば、「職務再設計」「職務充実」「職務拡大」「組織開発」「目標による管理」「小集団管理」「カイゼン活動」「QCサークル活動」「全員参加型経営」「逆ピラミッド型組織」「学習する組織」などが、すでに多くの事業組織には導入されている。

　以上のように、組織活動の存続・発展にとって「effectiveness」と「efficiency」の両方が不可欠であり、この両概念を抽出した点がバーナード理論の画期的な貢献であり、それが現代経営学（現代組織論）の基本的なパラダイムになっている。このパラダイムは、すでに多くの分野において、理論的にも実践的にも広く普及・定着している。

　しかしながら、日本生協連と傘下の生協組織においては、この「effectiveness、有効性」と「efficiency、効率性・能率」というペア概念が、ビジネス界や経営学界の常識・通説とは異なる意味・内容として理解・認識されて流布・定着しており、現場の生協監事は職務遂行のうえで大きな困惑・支障をきたしている。その原因につ

いては後に詳述される。

③ COSO報告書にみるEFFCTIVENESS とEFFICIENCYの概念

　アメリカにおいては、内部統制（Internal Control）は、SOX法（Sarbanes-Oxley Act、サーベインズ・オクスリー法）において明記されている。そして具体的に取組む際には、COSO（Committee of Sponsoring Organizations of the Treadway Commission、トレッドウェイ委員会支援組織委員会）の提示する「内部統制の基本的なフレームワーク」（COSO報告書）が、国際的スタンダード・行動基準とされている。

　COSO報告書では、内部統制の目的・定義を次のように記している（英語の原文および日本語の訳文）。

Internal control is broadly defined as a process, effected by an entity's board of directors, management and other personnel, designed to provide reasonable assurance regarding the achievement of objectives in the following categories:

1. Effectiveness and efficiency of operations.
2. Reliability of financial reporting.
3. Compliance with applicable laws and regulations.

　内部統制とは、一般的には、企業の取締役会、管理者およびその他の人びとにより実施され、以下のカテゴリーの目的を確実に達成するように設計されたプロセスとして定義される。

1. 業務運営の有効性と効率性
2. 財務報告文書の信頼性
3. 適用される法律ならびに規則の遵守

　このように、COSO報告書においては「内部統制の目的」を3つ提示し、その冒頭に「Effectiveness and efficiency of operations」を挙げている。ここには、現代経営学（現代組織論）における「effectiveness and efficiency」のペア概念がそのまま登場しており、その意味内容は、先に見たバーナードの説明と同一である。

　すなわち、「effectiveness」とは、組織活動の共通目的の達成の程度を示す概念（the accomplishment of the recognized objective of the cooperative action）であり、いかなる組織活動でも、たえず環境適応しつつ組織成員からの貢献意欲・貢献活動を獲得して、共通目的を達成しなければ存続・発展は不可能である。

　また「efficiency」とは、個々の組織成員の動機の満足（欲求充足）の程度を示す概念（the satisfaction of individual motives）である。いかなる組織活動であろうとも、組織成員の動機の満足（欲求充足）がなければ、貢献意欲・貢献活動もなく、共通目的は達成できず、組織活動の存続・発展は不可能である。

　つまり、「efficiency」がなければ「effectiveness」もないし、「effectiveness」がなければ「efficiency」もない。両者はペア概念であり、両者の一体化・統合化つまり同時的に実現することが、組織活動（協働行為）の存続・発展に不可欠な条件である。

　したがって、COSO報告書が「内部統制の目的」として、まず冒頭に掲げている「effectiveness and efficiency of operations」の日本語の意味は、「組織目的の達成と個々の組織成員の動機の満足を

同時的に実現しつつ組織活動（協働行為）を持続的に存続・発展させる」ことである。つまり、内部統制の取組を強化する目的のひとつは、組織活動を長期的・持続的に存続・発展させるためである、という当然の大前提を確認している。

　COSO 報告書は、英語で記述されているので、バーナード理論（現代経営学）のコンテキストを英語で正確に理解する限りでは、そこに誤解や誤読の生じる余地はない。英語で記述された COSO 報告書は、その後、日本に渡り、日本語に翻訳されるプロセスにおいて、しだいに意味・内容が歪められたようである。

　以下では、日本の金融庁の「枠組み」文書において、いかにして誤訳・誤解・誤読が生まれたのか、仔細に検討してみよう。

④ 金融庁「基本的枠組み」にみる 「有効性と効率性」の誤訳

●金融庁文書にみる「内部統制の目的」の理解

　日本における内部統制の取組強化については、「金融商品取引法」において、上場企業および連結子会社に対する会計監査の充実、および企業の内部統制の強化を義務付ける規定が盛り込まれて具体化している。それは、アメリカの SOX 法（Sarbanes-Oxley Act、サーベインズ・オクスリー法）の踏襲であるとして、俗に JSOX 法（日本版 SOX 法）とも呼ばれている。

　そして、日本の金融庁企業会計審議会内部統制部会は、国際的スタンダードとされる COSO 報告書の内容を模倣・踏襲して、「内部

統制の基本的枠組み」を提示して、それを具体的な実施基準として
示している。その「枠組み」文書では、内部統制とその「目的」に
ついて、以下のように記述している。

　　内部統制とは、基本的に、業務の有効性及び効率性、財務報告
　の信頼性、事業活動に関わる法令等の遵守並びに資産の保全の4
　つの目的が達成されているとの合理的な保証を得るために、業務
　に組み込まれ、組織内のすべての者によって遂行されるプロセス
　をいい、統制環境、リスクの評価と対応、統制活動、情報と伝
　達、モニタリング（監視活動）及びIT（情報技術）への対応の6
　つの基本的要素から構成される。

　ここで明らかなように、「内部統制の目的」については、アメリ
カのCOSO報告文書では、先に見た「3つ」を挙げるが、日本の金
融庁「枠組み」文書では「4つ」を掲げている。
　つまり、COSO報告書の示している「内部統制の目的」の「1.
Effectiveness and efficiency of operations.」については「(1)業務の
有効性及び効率性」と翻訳され、さらに「2. Reliability of financial
reporting.」は「(2)財務報告の信頼性」、「3. Compliance with
applicable laws and regulations.」は「(3)事業活動に関わる法令等
の遵守」として、翻訳されている。
　そして、最後に日本独自のものとして、「(4)資産の保全」が「目
的」に追加されている。つまり「資産の保全」という「目的」以外
の記述は、COSO報告書と全く同じである。
　「資産の保全」が、わざわざ追加された理由について、金融庁文
書は「我が国においては、資産の取得、使用及び処分が正当な手続

及び承認のもとに行われることが重要であることから独立させて一つの目的として明示した」という。

　おそらく翻訳担当者には、アメリカのCOSO報告書に示された「effectiveness and efficiency」のペア概念の意味を正確に理解できなかったのであろう。この二つの概念は、一体となって組織活動（協働行為）の長期的な存続・発展のための不可欠な要因・条件を意味するので、そこには当然のことながら「資産の保全」は含意されているのである。

　もし翻訳担当者が、バーナードの説明に従ってペア概念の意味を正確に理解しておれば、「資産の保全」を追加する必要性はなく、COSO報告書のいうように「3つの目的」規定で十分であると認識したであろう。なお、COSO報告書は2013年に部分的に改訂されたが、「内部統制の目的」の箇所については、変更・改訂がないので現時点では従来どおり「3つ」である。

　なお、日本の金融庁の文書においては、「effectiveness」は、日本語としては「有効性」に、そして「efficiency」は「効率性」と翻訳されている。ちなみに、バーナードの著作『経営者の役割』の日本語版（山本安次郎・田杉競・飯野春樹訳、ダイヤモンド社）においては、「effectiveness」を「有効性」と訳し、「efficiency」については「能率」と訳している。また前者については「効果性」と訳す文献も散見される。いずれも言葉としては正確な日本語訳であり、他にあてはめる適当な言葉は多くはないであろう。

　ただ「有効性・効果性」にせよ、「効率性・能率」にせよ、これらの日本語訳が、現代経営学（現代組織論）およびCOSO報告書のコンテキストの正確な理解とともに、その概念の意味・内容が正確に理解されておれば、何も問題が発生しない。

しかしながら、金融庁「枠組み」文書では、「effectiveness and efficiency」のペア概念の意味・内容が、残念ながら以下のように誤訳・誤読・誤解されている。

●金融庁による「efficiency」概念の誤訳・誤解・誤読

金融庁文書は、まず「業務の有効性及び効率性」の意味を次のように説明する。すなわち「業務の有効性及び効率性とは、事業活動の目的の達成のため、業務の有効性及び効率性を高めることをいう」と述べている。唖然とするばかりである。末尾に「高める」を加えただけで、全体の意味内容については、ほとんどトートロジーに近い意味不明（無内容）の「説明」である。しかし、この点については、ここでは無視しておきたい。

この説明文に続いて、「業務とは、組織の事業活動の目的を達成するため、すべての組織内の者が日々継続して取り組む活動をいう。業務の有効性とは事業活動や業務の目的が達成された程度をいい、業務の効率性とは、組織が目的を達成しようとする際に、時間、人員、コスト等の組織内外の資源が合理的に使用される程度をいう」と記述している。

ここで明らかなように、金融庁文書は「effectiveness」の意味内容については、「事業活動や業務の目的が達成された程度」のことである、として正しく理解している。

ところが「efficiency」については、なぜか資源の合理的な使用度と誤訳・誤読・誤解している。すなわち「組織が目的を達成しようとする際に、時間、人員、コスト等の組織内外の資源が合理的に使用される程度」のことだ、と言うのである。

　金融庁が「efficiency」の概念を、「資源が合理的に使用される程度」と誤訳したのは、COSO 報告書の下記の説明文であろう（Internal control integrated framework, 1992, p.16）。同文書においては「内部統制の目的」は、3 つのカテゴリーに集約されるとして「operations、financial reporting、compliance」を指摘する。そして「operations」については、「Operations ─ relating to effective and efficient use of the entity's resources」という説明をしている（16 ページ）。

　これを翻訳すれば「組織活動とは現有の経営資源を組織目的の達成のためと同時に個々の組織成員の動機の満足のために使用する協働行為のことである」となる。つまり、組織の業務活動が存続・発展するための不可欠な条件であることを示している。

　ところが、金融庁の「枠組み」文書の前掲箇所においては、「effectiveness and efficiency」（形容詞では effective and efficient）のペア概念を、なぜか切り離してしまい、しかも形容詞の「effective and efficient」の両者が「use」にかかるはずであるにもかかわらず、なぜか形容詞を「efficient」のみに限定して、「efficient use of the entity's resources」をワンフレーズにしてしまったようである。そのうえで、それを「資源が合理的に使用される程度」と誤訳・誤解したようである。

　仮に「efficient use of the entity's resources」の部分のみを取り出せば、「資源の合理的な使用度」という日本語訳は誤りとはいえないが、これまで見てきたように、現代経営学や COSO 報告書のコンテキストの中においては、「effective and efficient」のペア概念は切り離せず、しかも「efficient」の意味は「the satisfaction of individual motives」（組織成員の動機の満足）を示す概念であったか

ら、それを「資源の合理的な使用度」と訳せば、大きな誤解・誤読が生じるのは明白である。つまり、二重の誤訳を犯している。

　なおまた、金融庁の文書には、下記のような説明文も登場する。

　すなわち「業務の有効性及び効率性に関する内部統制は、業務の達成度及び資源の合理的な利用度を測定・評価し、適切な対応を図る体制を設けることにより、組織が設定した業務の有効性及び効率性に係る目標の達成を支援する」。

　ここにおいても、切り離せないペア概念を分断して、「use」にかかる形容詞を「efficient」のみに限定して、「efficient use of the entity's resources」をワンフレーズにしており、しかも「組織成員の動機の満足度」と訳すべきところを、「資源の合理的な利用度」と誤訳・誤読・誤解をしている。

　もし翻訳担当者が、「effectiveness and efficiency」（形容詞ではeffective and efficient）の両者が、組織活動（協働行為）の存続・発展のための切り離せない条件を示すペア概念であることと、現代経営学およびCOSO報告書の本来のコンテキストに即して「efficiency」（efficient）の概念の意味内容を正確に理解しておれば、おそらく誤訳・誤解は生じなかったであろう。

　繰り返しになるが、バーナードの説明によれば「effectiveness」（有効性）とは「the accomplishment of the recognized objective of the cooperative action」のこと、すなわち、組織の事業活動（協働行為）の目的達成の程度を示す概念であり、いかなる組織活動であっても、たえず環境適応しながら共通目的を達成しなければ、存続・発展は不可能である。

　ここで問題となっている「efficiency」（効率性・能率）の意味内容は、繰り返しになるが、バーナードの説明によれば「the satisfaction of individual motives」のことであり、個々の組織成員の動機の満足の程度を示す概念である。いかなる組織活動でも、提供される誘因により個々の組織成員の動機が満足（efficiency）しなければ貢献意欲・貢献活動もなく、それらがなければ組織目的は達成（effectiveness）できず、組織活動（協働行為）の存続・発展は不可能である。

かくして、組織成員の動機の満足なくして組織目的の達成はなく、逆にまた、組織目的の達成なくして組織成員の動機の満足もありえない。両者は一体となって（同時的に実現して）、組織活動（業務活動）を存続・発展させる不可欠な条件なのである。かくして、COSO 報告書の言うように「業務活動は、現有の経営資源を組織目的の達成のためと同時に組織成員の動機の満足のために使用することに関わる」のである。

しかし、金融庁文書においては、「effectiveness and efficiency」が組織活動の存続・発展のための不可欠な条件を示すペア概念であることの無理解のために、両者を切り離してしまい、その上で「efficiency（efficient）」の概念を「資源の合理的な利用度」と誤訳・誤解・誤読し、現代経営学やCOSO フレームワークの示す本来の意味・内容を大きく歪めてしまったようである。

●現代経営学の学術用語と「日常用語」との混同視

以上の考察で明らかなように、もともとバーナードの文献にルーツを持つ「efficiency」（efficient）の概念は、金融庁の「内部統制の基本的枠組み」文書を通じて、本来の意味である「組織成員の動機満足の程度」を示す概念から大きく乖離してしまい、「合理性」「合

理的」という「国語辞典」的な意味に歪められてしまった。すなわち「業務の効率性とは、組織が目的を達成しようとする際に、時間、人員、コスト等の組織内外の資源が合理的に使用される程度をいう」にすり替えられてしまった。

　一般に、どんな分野の学問でも特定の事象・現象を言い表すための固有の専門的な概念・用語が確立・普及しているが、仮にそれらが日常生活において使用するコトバと同一であっても、その意味は大きく異なっている。したがって、学問的に確立・普及・定着している概念・用語については、それがいかなるコンテキストのなかで使用され、いかなる固有の意味・内容が込められているのか、それを正確に理解・受容しなければならない。

　たとえば「われわれ職人はカラダが資本だ」という場合の「資本」の意味は、経済学でいう「資本」の概念とは異なっている。しかも近代経済学とマルクス経済学とでは、議論の前提になるパラダイムもコンテキストも異なるので、意味・内容はさらに大きく異なっている。それゆえ経済学に登場する専門用語については、「経済学辞典」の説明で理解しなければならないし、それを「国語辞典」の説明や日常用語の意味で解釈しようとすれば理解不能になる。

　ここで問題となる現代経営学の「effectiveness and efficiency」のペア概念についても同様である。それらについては、現代経営学のテキストブックや「経営学辞典」の説明で理解する必要があり、「国語辞典」的な解釈や日常用語的な解釈をしても、まったく理解不能になるであろう。

　ちなみに、二神恭一編著『ビジネス・経営学辞典』（中央経済社）においては、「efficiency」とは「人間の多様な欲求ないし動機の満足の度合を意味している」（532ページ）と説明されている（高澤十

四久）。また、吉田和夫・大橋昭一監修『基本経営学用語辞典（改訂版）』（同文舘、2015年）には、「efficiency」とは「個人の動機が満たされた度合を指している」（207ページ）と説明されている（水原熙）。これらの辞典の説明は、いずれもバーナードの説明（the satisfaction of individual motives）と同じであり、現代経営学（現代組織論）およびCOSO報告書において共有されている理解・認識と同一である。

　いまこそ金融庁企業会計審議会内部統制部会は、正しいコンテキストを正確に理解し、すみやかに誤訳・誤解・誤読を克服・是正することを要請したい。そして翻訳担当者には猛省を促したい。ともあれ誤読・誤訳・誤解に基づく金融庁の「枠組み」文書の影響は、以下のように計り知れないものがある。

❺ 日本生協連の「基本方針」にみる「有効性と効率性」の誤解

●金融庁の「誤訳・誤読」が日本生協連「基本方針」に及ぼした影響

　以上で見たように、COSO報告書が「内部統制の目的」として、その冒頭に掲げた「effectiveness and efficiency of operations」については、金融庁の「枠組み」文書を経て、異なる意味内容に誤解・誤訳・誤読されてしまい、それが日本生協連の「基本方針」にも踏襲されてしまった。いかなる文書にも、一般論として細部の誤訳・誤解・誤読はあり得るが、「内部統制の目的」という根幹に関する誤解・誤読・誤訳であるがゆえに、その影響はきわめて深刻だ

と思われる。

　日本生協連は、金融庁の指導文書「内部統制の基本的枠組み」に依拠して、2009年に「内部統制システム構築に関する基本方針」を確定したが、「内部統制システム構築」の目的について、「基本方針」の冒頭の端書文で、以下のように記述している。

　　日本生活協同組合連合会（以下、「当会」）は、社会的責任を果たして、内外の期待に応えるためにも、ふだんのくらしにもっとも役立つ事業の確立に取り組みます。そして、組合員の多様な参加による社会に開かれた組織づくりをすすめ、会員の発展に貢献します。消費者組織としての役割をさらに発揮し、地域社会に貢献できる存在をめざします。これらを実現する上での前提として、当会では「業務の有効性及び効率性」「財務報告の信頼性」「事業活動に関わる法令等の遵守」「資産の保全」の４つの目的を達成するために必要な内部統制システム構築に関する基本方針（以下　基本方針）を次の通り定め、体制を整備します。なお、基本方針の推進と課題対応等について、統括専務理事を委員長とする内部統制委員会を設置し、内部統制システムを統括する機能を担います。

　以上で明らかなように、日本生協連は「内部統制の目的」として、金融庁の「枠組み」文書を模倣・踏襲して「４つ」を掲げ、その冒頭に「業務の有効性及び効率性」（effectiveness and efficiency of operations）を挙げている。

　そして、上記の「端書」に続いて、下記のような「７つの柱」を提示している。

1．理事、常務執行役員、執行役員および職員の職務の執行が、法
　令および定款などに適合することを確保するための体制
2．理事および常務執行役員、執行役員の職務執行に関わる情報の
　保存および管理に関する体制
3．損失の危険の管理（以下、「リスク管理」）に関する規程その他
　の体制
4．理事および常務執行役員、執行役員の職務の執行が効率的に行
　われることを確保するための体制
5．当会および子会社等における業務の適正を確保するための体制
6．監事がその職務を補助すべき職員を置くことを求めた場合にお
　ける当該職員に関する事項および監事監査が実効的に行われる
　ことを確保するための体制
7．理事、常務執行役員、執行役員および職員の監事への報告に関
　する体制

　ここで明らかなように、日本生協連の「7つの柱」には、本来の
意味としての「effectiveness and efficiency of operations」の概念・
内容がどこにも示唆されていない。また、それが生協組織の構成員
の貢献意欲・貢献活動の確保・強化にとって不可欠であり、組織活
動（協働行為）の長期的な存続・発展の条件であることの示唆も暗
示もない。
　おそらく、そこでは金融庁の誤解・誤読・誤訳の文書に基づき
「業務の効率性とは、組織が目的を達成しようとする際に、時間、
人員、コスト等の組織内外の資源が合理的に使用される程度をい
う」と理解（誤解）しているからであろう。
　かくして日本生協連の「基本方針」文書からは、COSO 報告書お

および現代経営学の示す「efficiency」の概念（意味・内容）が、完全に消失しており、その結果、従業員満足・顧客（組合員）満足・地域住民満足など、組織成員・貢献者の動機の満足（欲求充足）の問題は完全に視野から消えている。

その原因は、言うまでもなく金融庁の誤解・誤読を含んだ「枠組み」文書を、そのまま日本生協連が無批判に踏襲・模倣・鵜呑したためである。

●日本生協連の「誤解」が傘下の生協組織に及ぼした影響

日本生協連の「基本方針」を受けて、傘下の各地域生協もまた内部統制の「基本方針」を確定したが、その影響は計り知れない。たとえばK生協は、「内部統制の基本方針」「7つの柱」を下記のように言うが、それは日本生協連の「基本方針」の文書と同じである。

1. 理事および職員の職務の執行が、法令および定款などに適合することを確保するための体制
2. 理事の職務執行に関わる情報の保存および管理に関する体制
3. リスク管理（損失の危険の管理）に関する未然防止と緊急事態に備える体制
4. 理事および職員の職務の執行が効率的におこなわれることを確保するための体制
5. 子会社等における業務の適正を確保するための体制
6. 監事がその職務を補助すべき職員を置くことを求めた場合における当該職員に関する事項および監事監査が実効的におこなわれることを確保するための体制

7．理事の監事への報告に関する体制

　ここでも明らかなように、K生協「基本方針」の「7つの柱」においても、COSO報告書の示した「effectiveness and efficiency of operations」の内容（現代経営学のいう意味内容）はどこにも示唆・暗示されていない。つまり、従業員満足・組合員（顧客）満足さらに債権者満足・関係会社満足・地域住民満足など、生協の組織成員・貢献者の動機の満足（efficiency）により、貢献意欲・貢献活動を確保・強化して共通目的を達成する（effectiveness）という視点（環境適応のマネジメント）を見出すことができない。

　このように「基本方針」文書の中に、本来の意味の「efficiency」の概念が存在しないのであるから、その「方針」に従って活動しても、従業員満足・組合員（顧客）満足など組織成員の動機満足の向上は期待することができない。したがって、この「方針」に従う限り、組織成員の貢献意欲・貢献活動を十分に確保・強化することは期待できない。

　このような論理的な帰結は、言うまでもなく誤訳・誤読・誤解を含んだ金融庁「枠組み」文書を、日本生協連が無批判に踏襲して「基本方針」にし、それをまた傘下の生協組織が機械的・無批判に模倣・鵜呑したことにある。

　したがって、日本生協連の傘下の生協組織は、誤解・誤訳・誤読を含む「基本方針」をすみやかに克服・止揚し、「内部統制の目的」である「effectiveness and efficiency of operations」の意味内容を正確に理解して、自律的に「方針」を確立する必要があるだろう。自らの組織の「方針」は、自らが自律的に意思決定する主体性が期待されている、と思われる。

❻ むすび
求められる誤解の是正と自主的な方針の確立

　現代経営学における「efficiency、効率性・能率」とは、組織成員の動機の満足度を示す概念であるが、ここで「組織成員」（「組織の構成員」「組織メンバー」）とは、先に見たように組織活動の共通目的に対する直接・間接の「貢献者」のことである。

　生協組織の共通目的に対する直接・間接の「貢献者」とは、組合員や従業員・職員・役員のみならず、取引する金融機関・債権者・子会社・関係会社・地域住民さらに生協労組などが含まれる。

　組合員は出資金の提供、生協商品の購買、組織運営の参加などの貢献をしている。従業員・職員は店舗や組織の運営・管理・営業・労働という貢献をする。子会社・関係会社は商品の生産・供給・配達などの貢献をする。取引金融機関は資金の融資・融通という貢献をする。地域住民は生協の諸活動を支援・協賛という貢献をする。生協労組は理事会との対立的側面もあるが、生協の理念・目的の実現の最も根源的な貢献者である。

　これらの組織成員・貢献者の直接・間接の貢献活動がなければ、生協の共通目的は達成・実現しないし、生協の組織活動の存続・発展はない。生協の組織成員・貢献者の貢献意欲・貢献活動の程度は、享受する動機満足の程度に比例している。何が動機の満足（欲求充足）かは、それぞれの組織成員の基本的な動機・欲求（モチベイター）により異なるが、いかなる生協組織の成員でも、自己の動機が満足しなければ共通目的に貢献することはない。動機満足度が高ければ、それだけ貢献意欲は高揚し、貢献活動も強化される。そのため、経営者は個々の組織成員・貢献者の動機・欲求・ニーズを

よく見極めて、それに適応する種々の誘因を提供して、貢献を獲得・強化することになる。これらの組織成員のさまざまな直接・間接の貢献活動があるから、生協組織の共通目的は達成できて長期的に存続・発展できる。

　かくして、生協組織が持続的に存続・発展するためには、組織活動の共通目的が継続的に達成する（effectiveness、有効性）とともに、個々の組織成員・貢献者の動機が満足する（efficiency、効率性・能率）ことが不可欠である。換言すれば、生協経営者の組織マネジメントの根幹とは、「effectiveness、有効性」と「efficiency、効率性・能率」とを一体化・同時的に実現することである。

　それが「内部統制の目的」として、日本生協連（および傘下の生協組織）の文書の冒頭に掲げている「effectiveness and efficiency of operations」「業務運営の有効性と効率性を図る」の意味であり、それがまたCOSO報告書および現代経営学の示す本来の意味内容であった。

第 1 部の要約

① 「effectiveness and efficiency of operations」の概念は、現代経営学における重要なコア概念であり、そのルーツはバーナードの文献に求められる。「effectiveness」とは、組織目的の達成程度のことであり、「efficiency」とは、個々の組織成員・貢献者の動機満足の程度のことであり、両者の同時的な実現・一体化が、組織活動の存続・発展に不可欠な条件である。

② 日本生協連の内部統制の「基本方針」は、金融庁の「基本的枠組み」を基礎にしており、また日本の金融庁「枠組み」は、アメリカのCOSO報告書のフレームワークを模倣・踏襲している。しかし、COSO報告書が「内部統制の目的」として冒頭に示す

「effectiveness and efficiency of operations」の意味・内容を、金融庁は誤訳・誤読して日本に紹介したので、多方面に看過できない悪影響をもたらしている。

③COSO報告書のいう内部統制の目的としての「effectiveness and efficiency of operations」の意味を、バーナードの文献（現代経営学）に従って理解すれば、「（内部統制とは）組織の共通目的の達成と個々の組織成員の動機満足とを同時に実現することで組織活動（協働行為）を長期的に存続・発展させるためのもの」となる。

④しかしながら、日本の金融庁は、COSO報告書（ならびに現代経営学）の示す「effectiveness and efficiency」について、とくに「efficiency」についての意味を、日常用語的な意味に誤訳・誤読して「内部統制の目的」を説明している。そして、誤訳・誤読を含んだ金融庁文書は、そのまま国内の多分野・多方面に拡散・流布され、日本生協連および傘下の生協組織の「方針」にも引き継がれている。

⑤かくして、生協組織の末端現場においては「effectiveness and efficiency of operations」の本来の意味内容（現代経営学の意味内容）は完全に消失している。しかも、誤訳・誤解・誤読の流布・定着が放置されているので、生協の業務マネジメントの改革・改善の阻害要因にもなっている。そのために「理事会」「代表理事」という機関の業務を監査する現場の監事は、大いなる支障・困惑をきたしている。

⑥金融庁には「枠組み」文書の誤訳・誤読を速やかに是正することを要請し、また日本生協連および傘下の生協組織には、誤訳を含んだ金融庁文書を無批判に鵜呑み・踏襲せず「effectiveness and efficiency of operations」の意味（現代経営学としての意味）を正確に理解して、自主的・自律的に「方針」を確立することを望みたい。

第❷部

生協組織における
「業務運営の有効性と効率性」

——組合員・従業員・子会社・関係会社・生協労組・地域
住民などすべての生協の組織成員・貢献者たちの動機満足
の過程（効率性）と生協の共通目的の達成過程（有効性）
との一体化について——

❶ 生協組織と「経営学」の学習

●経営者の適切なマネジメントがなければ生協組織は発展しない

　会社組織ではよくみられる事例だが、赤字つづきの倒産寸前の会社でも、トップの組織リーダーが古いマネジメントの考え方・あり方を克服・止揚して、新しい考え方・あり方を採用・実行するだけで、不死鳥のごとく生き返り、元気を取りもどすことは珍しくない。

　同じ従業員、同じオフィス、同じビル、同じ工場、同じ機械設備、同じ原材料、同じ製法、同じ製品、同じ市場、同じ販路、ただトップの組織リーダーが「組織マネジメントの考え方・あり方」「組織づくりの方法・哲学」を新しく変えただけで、従業員満足度や顧客満足度が急速に高まり、職場が急速に活性化し、生産性が大きく向上し、業績がV字回復して、強靱な会社組織に生まれ変わった、ということはしばしば見聞される。

　スポーツの組織でも同じである。優勝にほど遠い弱いチームでも、監督がチームの組織運営の考え方・あり方を新しく変えただけで、強豪チームに変貌した事例は珍しくない。

　同じ選手、同じグランド、同じ運動器具、同じ合宿所でも、監督が「チームづくりの考え方」「選手のヤル気を引き出す考え方」「組織づくりの哲学・方法」を新しく変更しただけで、個々の選手のモチベーションが高揚し、自律度・自覚度が高まり、強豪チームに生まれ変わった、という事例は枚挙にいとまがない。

　学校組織も同じであろう。学力の低迷していた問題校でも、校長が学校運営やクラス運営の古い考え方・あり方を新しく変更しただ

けで、生徒全体の学力・知力が向上した事例は珍しくない。

　同じ生徒、同じ教職員、同じ教科書、同じ教室、同じ図書室、同じ校舎、同じ運動場、同じ体育館でも、学校運営やクラス運営の考え方・あり方を新しく変更しただけで、個々の生徒のモチベーションが高まり、勉学への興味・関心が深まり、自覚的・自律的に努力・勉学するようになり、問題校が劇的に変貌した、という事例も珍しいことではない。

　以上のような諸事例は、いずれもトップの組織リーダーによる「組織マネジメントの考え方・あり方」の適切性が、個々の組織成員のモチベーションを高め、貢献意欲・貢献活動を強化し、組織全体を活性化することを示唆している。

　逆に「古い考え方」や自己流の「経験やカン」などに拘泥・執着・固執して組織運営を行き詰まらせ、解散・倒産・廃業・閉鎖に至らせた事例は珍しいことではない。

　とすれば、種々の難題を抱える生協組織において、経営者・組織リーダーが新しいマネジメントの考え方・あり方を学習・実行することは当然のことであろう。

●経営学の知識・知見は生協組織になじまないか

　「生協のような営利を目的としない組織では、経営学など学習すべき内容はない」「経営学のような利潤追求の学問は、そもそも生協組織にはなじまない」と言う人がいるかもしれない。

　このような発言が出るのも、それなりの根拠がある。たしかに経営学は 20 世紀初頭の資本主義社会において営利組織（企業）のための「学問」として生誕した。そのためであろうか、経営学とは

「金儲けのための学問」「利潤追求の学問」として捉える向きもあるが、それは「勘違い」「誤解」と言うしかない。

　たとえば、経営学の扱う「組織」とは、広く組織一般のことであり、必ずしも利潤追求の営利組織に限定しているわけではない。したがって、そこで提示される英知・知見は、生協のような非営利組織にとっても、さらに体制の異なる社会主義の企業組織においても、学び取ることができる内容である。

　実際に、体制の異なる社会の指導者たちも、資本主義社会で生まれた「経営学」の学習の必要性を強調してきた。

　たとえば、約100年前にロシア革命を指導していたレーニンは、当時の経営学（組織管理論）の嚆矢とされたテイラーの工場管理論（科学的管理法・テイラーシステム）に注目していた。そして彼は、社会主義の大規模工場を管理するには、テイラーの議論を批判的に学ばなければならないと主張して、その「合理的な核心」「科学的な成果」を摂取・導入・実施したのである。

　近年においても、中国の指導者たちは改革開放路線に舵を切った際に、国営企業の経営管理の近代化のために、体制の異なるアメリカの最新の経営学の研究成果に注目し、それを学習していた。なによりもまず、バーナードの著作を中国語訳して刊行・普及し、さらにバーナード理論の後継者であるサイモン（ノーベル賞受賞者）をアメリカから招聘して直接に指導を受けたのである。

　このように、体制の異なる国においても、資本主義社会の生み出した経営学の学習の必要性が強調されたことは、興味深い事実として注目されてよい。

　とすれば、営利組織でない生協が、経営学の学習を深めることは当然のことであろう。

●資本主義うまれの「経営学」がもつ二面性とは何か

　テイラーの議論（科学的管理法、テイラーシステム）から学ぶべき
ことを主張したレーニンは、以下のような興味深いコメントをいく
つか残している。

　まず「汗を搾り出す『科学的』方式」（「プラウダ」第 60 号、1913
年 3 月 13 日）と題する記事の中で、彼は科学的管理法（テイラーシ
ステム）を評して「技術と科学の進歩は資本主義社会では汗を搾り
だす技術の進歩を意味する」「科学のあらゆる法則によって汗が搾
りとられている」と批判した。また「テイラーシステムは機械によ
る人間の奴隷化である」（「プーチ・プラウディ」第 35 号、1914 年 3
月 13 日）と題する記事も残している。ここでの論調は、テイラー
システムが資本主義社会において「労働者の利益に反する役割を果
たしている」ことが強調された。

　しかし、他面において「資本主義の最新の成果であるテイラーシ
ステムは、資本主義のいっさいの進歩と同様に、ブルジョア的搾取
の洗練された残忍さと、一連のきわめて豊富な科学的成果 ―― た
とえば、労働の際の機械的運動の分析、余計な不器用な運動の除
去、最も正しい作業方法の考案、もっとも優れた記帳と統制の制度
の採用 ―― とを、その中に兼ね備えている」（「ソヴェト権力の当面
の任務」1918 年 4 月）という。つまり、テイラーシステムのなかに
は多くの「科学的な成果」「進歩的な内容」も含まれており、それ
らは社会化した労働過程の合理的な編成に寄与し、労働生産性を高
めるために不可欠であると言う。

　その結果、テイラーシステムは「その創始者の知らないうちに、

その意思に反して、プロレタリアートが社会的生産の全体をその手に握り、社会的労働全体を正しく配置し秩序だてるための自分自身の労働委員会を任命する時を準備する」という。つまり「生産や労働の社会化」を推し進めて、働く者が主人公になる社会基盤を準備している、と読み解いている。

●生協組織が学び取るべき経営学の「合理的な核心」「科学的な成果」

　それゆえに、彼は「テイラーシステムの中の科学的で進歩的なものを多く取りいれる」必要性があると強調する。すなわち「ソヴェト共和国は、この分野での科学と技術の成果のうちの貴重なものはすべてどうしても見習って自分のものにしなければならない。社会主義を実現する可能性は、われわれがソヴェト権力とソヴェト的管理組織とを、資本主義の最新の進歩と結びつけることに成功するかどうかによってこそ決まるであろう。われわれはロシアでテイラーシステムの研究と教習、その系統的な実験と応用とをやり始めなければならない」(「ソヴェト権力の当面の任務」1918年4月)という。

　このように、異なる社会体制のトップリーダーが「資本主義生まれ」の経営学のもつ二面性を指摘しつつ、その科学的・進歩的な側面(内容)の批判的摂取を強調したことは興味深い。

　一般に、未来を切り開く者にとって、あらゆる学問分野の科学的な成果を批判的に摂取・継承することは共通の責務である。とすれば、生協組織が業務マネジメントシステムの近代化のために、現代経営学に内包されている「合理的な核心」「科学的な成果」「労働生産性の向上に寄与する内容」を学ぶことは自然のことであろう。もはや「経験とカン」に依拠する時代は終わっている。

❷ 生協組織と「経営学の視点」

● 「経営学の視点」と「法律学の視点」とのちがい

生協のマネジメントに携わるすべての組織リーダーには、法律・規則に関する知識・知見は必要だが、同時に経営学に関する知識・知見が不可欠である。法律・規則は、人間行動を外発的に規制する社会的な行為規範であり、それを重視することはコンプライアンスとして当然である。

しかし、組織リーダーには、それ以上に経営学の知識・知見が不可欠である。なぜなら組織活動をマネジメントする際に直面する「組織と個人」の利害対立を調整したり、従業員満足度や顧客満足度を高めたり、組織成員を内発的に動機づけて貢献意欲・貢献活動を確保・強化するなどの課題は、すべて経営学の範疇であり、もはや法律学では対応できないからである。

仮にもし組織リーダーが、マネジメントの諸課題をすべて法律・規則に収斂し、権利・義務・責任の問題として把握すれば、そこではモチベーション、リーダーシップ、マーケティングなどの諸問題（経営学の範疇）が視野から完全に消えてしまう。仮に、それらの問題を無視・軽視して組織活動をマネジメントしても、生協組織の共通目的は達成できないであろう。

このように、「法律学」と「経営学」とでは、組織マネジメントの際に果たす役割・意義は大きく異なっている。それは諸事象に対する見かた・考え方が異なり、学問として問題にすること（認識の対象と方法）が異なるからである。

　あたかも「ピラミッド」を地上に立って真横から見れば「三角形に見える」が、ヘリコプターに乗って真上から下を見れば「正方形に見える」のと同じである。「三角形」と「正方形」のどちらが「正解」か、という問題ではない。それぞれが異なる認識の対象（ピラミッドの一側面）を、それぞれの視点と問題意識から把握・識別しているだけである。

　このように、「経営学」と「法律学」は「認識の対象と方法」が異なり、分析のパラダイムが異なり、扱う問題が異なり、それぞれに固有の役割があるので、経営者が組織マネジメントする際には、当然のことながら、法律学の知識のみならず、経営学の知識・知見が必要・不可欠である。

　仮にも事業組織を担う経営者・組織リーダーが、経営学の知識・知見もなくて組織マネジメントに携わることは、無謀・粗暴な蛮行と言うしかない。それは、あたかも「発達科学の知識・知見もなく小学生を教育する行為」「コーチング学の知識・知見もなくアスリートを育成する行為」「統計学の知識・知見もなく情報を数量的に解析する行為」「脳神経外科学の知識・知見もなく患者の脳血栓を手術する行為」「臨床心理学の知識・知見もなく悩める人にカウンセリングする行為」などに類似している。

●誰が生協組織の目的達成に貢献しているのか

　「経営学」と「法律学」とは、それぞれ学問的な「認識の対象と方法」が異なり、組織マネジメントにおいて果たす役割・意義が異なっているので、たとえば「生協の組織成員とは誰のことか」という設問についても、両者の回答（考え方）は大きく異なっている。

　「法律学の視点」でいう生協の組織成員とは、生協法・定款・規則などに明記されている個人・機関のことである。すなわち、資金を出資して事業を利用する組合員、生協の店舗・本部・子会社で働く従業員・労働者・パートなどであり、さらに組織の運営に責任を持つ理事・役員および管理スタッフの職員となろう。

　これらの組織成員の法的な権利・義務・責任は、すべて法律・定款・規則などに明記にされており、その人数も顔ぶれも確定できる。ふつう「生協組織の構成員とは誰か」と問われれば、多くの人は、このような法律・規則に明記された組織成員のことを思い浮かべて回答するであろう。

　しかし「組織成員」の捉え方は、それがすべてではない。経営学（現代経営学）では、組織活動とは共通目的を達成する協働行為として動態的に捉えるので、そこでの組織成員は、組織目的の達成に直接・間接に貢献する者（貢献者）を意味している。ここで「組織成員とは組織の共通目的に対する貢献者のこと」という捉え方は、現代経営学に固有のものであり、法律学のそれとは、根本的に異なるので注意が必要である。

　では、生協組織の共通目的の達成に直接・間接に「貢献」する個人・機関・団体とは誰のことか。まずは、出資金を出して生協事業を利用する組合員、そして生協事業の遂行・職務に従事する労働者・従業員（パート・アルバイト・派遣社員・契約社員を含む）、事業全般を管理・運営する理事・役員・管理スタッフ、さらに子会社・協力会社（そこで働く従業員・労働者・パート・アルバイト）、商品納入業者、生協労組、金融機関・債権者、そしてまた地域住民・自治会組織・地元自治体などである。

　すなわち、出資・購買・参画・販売・労働・供給・融資・支援・

協力・協働・賛同・奉仕・協賛・共同・連携など、さまざまなかたちで生協組織の共通目的に直接・間接に「貢献」するすべての行為主体である。いわゆる、ステイクホルダーのことである。したがって、組織成員・貢献者の該当者は極めて広範囲にわたり、しかも人数も顔ぶれも明確に確定することはできない。

　このような「組織成員」の説明は、日常生活的な感覚・常識からすれば違和感があるかもしれないが、現代経営学では、組織目的の達成に直接・間接に「貢献」する限り、「組織成員」に含まれる。ここでは、法的な権利・義務・責任のみならず、国籍・性別・民族・肌色などは、すべて無視・捨象される。

　ともあれ、これらの「組織成員・貢献者」の種々多様な貢献意欲・貢献活動がなければ、生協組織の共通目的は達成できず、存続・発展することもない。

　それゆえ、生協組織においては、これらすべての組織成員・貢献者たちの貢献意欲を、たえず向上させて貢献活動を強化することが課題となる。それはひとえに理事長・役員など組織リーダー（および子会社・関係会社・委託会社の役員・組織リーダー）の組織マネジメント能力に依拠している。

　この課題は、もはや法律学の知識・知見では対応できない。この点の認識がなければ、現代経営学の知識・知見を習得・学習する必要性が理解できないであろう。またビジネス系大学の学部や大学院（ビジネススクールMBAコース）などが存在する意味もまるで理解できない。さらに現代経営学のテキストブックを通じて、多くの学生・院生のみならず経営コンサルタント、ビジネスパーソン、企業経営者たちが、最新の組織マネジメントの知識・知見の勉学に励んでいる意味も理解できないであろう。

●組織マネジメントに関する「古い考え方の克服」が急務である

いかなる事業組織でも、組織マネジメントの際には、経営学の知識・知見・パラダイムは不可欠であるが、その際には「古い経営学の考え方」（古典派経営学）は速やかに克服・止揚されねばならない。筆者の私的体験に基づく印象ではあるが、生協内には組織マネジメントについての「経験とカン」「古い考え方」が根強く支配しており、その拘泥・執着・固執・呪縛が組織マネジメントの改革・改善の大きな阻害要因になっている、と思われる。

ここで「古い考え方」とは、ファヨールやテイラーに代表される約100年前の議論（およびその流れを汲んだ考え方）のことである。ここでは、暗黙の前提として、組織活動が環境要因とは隔絶された閉鎖的・自己完結的な内向きの協働体系（クローズドシステム）として把握されている。また「組織のなかの個人」「組織成員」が、他律人モデル（他律的な行為主体）として把握され、組織目的の達成の手段・道具とされている。

それゆえ組織活動は、全体主義・集団主義・画一主義を前提にした専制支配のピラミッド型組織のもとで展開され、「構想と実行の分離」のマネジメントが前提になっている。つまりトップ経営者の決定した計画（PLAN）は、部下の従業員に指示・命令すれば「言われた通り」に機械的に行動・活動（DO）することが当然視されている。仮に指示通りに動かなければ、「強制」「強迫」して動かすことが課題になる。このような考え方をマグレガーは「Ｘ理論」モデルと呼んでいる。ここには従業員の欲求・動機に注目し、その自律性・自発性を重視・尊重するという発想はなく、したがって「動

機づけ」「モチベーション」「従業員満足度」などの概念はない。

　またトップが一方的に企画・開発して製造した商品・製品でも、消費市場に出しさえすれば、必ず「売れる」ことが暗黙の前提にされている。仮に思い通りに売れなければ、従業員にノルマ・数値目標を課して顧客・消費者に売りつける（売り込む）ことが課題になる。ここには、顧客のニーズ・欲求・動機についての関心はなく、「市場調査」「マーケティング」「顧客満足度」などの概念もない。

　このように「古い経営学の考え方」（古典的経営学）では、組織活動が環境要因・状況要因とは隔離・遮断・隔絶された自己完結的なクローズドシステムとして把握されるので、環境適応することで組織目的を達成するという発想は生まれない。この種の古い議論の典型が「管理過程論（PDCAサイクル論）」「管理原則論」などであるが、現代のビジネス界や経営学界においては、すでに半世紀以上も前に基本的に克服・止揚されている。

●組織マネジメントに関する「新しい考え方の学習」が急務である

　現代のビジネス界では、組織マネジメントの制度・システムを開発・実行する際には、「新しい経営学の考え方」（現代経営学）の知識・知見・パラダイムを基礎にしている。

　ここで「新しい考え方」とは、バーナードやサイモンの議論をグランドセオリーにした一連の「環境適応のマネジメント論」のことである。具体的には、組織均衡論、意思決定論、組織行動論、経営戦略論、マーケティング論、リーダーシップ論、モチベーション論などである。それらは国内外の大学の経営学部や経営大学院（ビジネススクールMBAコース）における主要カリキュラムの内容であり、

国際的に見てもスタンダードな議論である。また標準的な経営学教科書を通じて学生・院生のみならず経営コンサルタント、ビジネスパーソン、企業経営者たちが普通に学習している普通の議論である。

　これらの「新しい考え方」では、組織活動をオープンシステム（開放された協働体系）として動態的に捉え、状況要因・環境要因との調整・適応によって目的達成のできる行為・行動を選択する「環境適応のマネジメント」が主要な内容である。

　ここでは、組織成員・貢献者を自律的な行為主体（自己実現人モデル）として措定する。そして、行動を欲求充足（動機満足）のプロセスとして見るので、個々の組織成員の内面の欲求・ニーズを調査・識別し、それに適応する誘因を提供して成員から貢献意欲・貢献活動を獲得し組織目的を達成する。

　その際に提供する誘因が、組織成員の欲求・ニーズに適応していなければ貢献が獲得できないので、誘因を変更するか、目的を放棄・変更するしかない。いずれにせよ、欲求に適応しなければ動機は満足せず貢献を獲得できない。そのために、たえず環境要因（従業員や顧客消費者などの欲求・ニーズ・動機など）を識別・評価し、それと調整・適応することになる。つまり、従業員満足度（E.S.）や顧客満足度（C.S.）などを重視・追求することが前提である。

　このように、現代経営学では個々の組織成員・貢献者を自律的な行為主体として把握し、その自発性・自律性を重視・尊重するので、ここではボトムアップの参加型組織マネジメントが当然視される。つまり、個人重視の参加型の「逆ピラミッド型組織」を前提にした民主主義的な業務運営である。換言すれば、自律人・自己実現人モデルを前提にした「構想と実行の統一」のマネジメントであり、それをマグレガーは「Ｙ理論」モデルと名付けている。

●生協組織に求められる「環境適応のマネジメント」

　現代経営学でいう組織成員とは、先に見たように、組織活動の共通目的に対して、直接・間接に「貢献」する個人・機関（行為主体）のことである。したがって、生協組織の場合には、組合員（顧客・消費者）、従業員（正規雇用者のみならず非正規雇用のパート、アルバイト、派遣社員、契約社員など）、さらに子会社・関係会社、債権者・金融機関、商品納入業者、地域住民・地域社会などが含まれる。

　これらの組織成員・貢献者は、自律的な行為主体（自己実現人モデル）であるから、その貢献意欲・貢献活動を確保・強化して、生協の共通目的の達成過程に動員するには、個々の成員の意思決定過程に対応するしかない。

　たとえば、ある人が「生協の組合員になるかどうか」は、多くの勧誘の言葉があったにせよ、最終的には本人の意思決定による。その際に、ある人は「生協の理念には興味はない」「たまたま生協店舗が近所にあり便利だから組合員になった」と言うかもしれない。その場合でも、生協の組合員になった方が「自分の欲求・動機がよりよく充足（満足）される」と信じて参加する。

　しかし、組合員になっても生協店舗や宅配事業を積極的に利用するかどうか、さらに生協活動に意欲的に参加するかどうか、これらも本人の自由意思の問題である。仮にもし組合員・顧客として生協店舗に出向いても、期待に反して「商品の価格」が高くて、自分の購買動機（欲求）が満足（充足）しなければ、生協店舗での買物をしなくなり、もっぱら近所のスーパーやコンビニ、ドラッグストアに出向くようになる。

　そのような組合員に対して、生協利用を強制・強要・命令・指示する筋の話ではない。組合員が自律的な行為主体であり、生協が民主的・自主的な組織であることを前提にすれば、組合脱退を含めて個々人の自由意思の尊重は当然である。したがって、生協の組織リーダーは、組合員に対して生協利用を動機づける誘因を提供して、購買意欲・購買活動を確保するしかない。

　生協の従業員もまた同様に自律的な行為主体（自己実現人モデル）であるので、貢献意欲・貢献活動を確保するには、その意思決定過程に対応するしかない。従業員が、いかなる心構え・精神的態度で働くかは、本人の自由意思の問題であるから、仮に生協の仕事に生きがい・やりがいを感じず、自分の動機が満足しなければ、当然のことながら、勤労意欲・貢献意欲は大きく低下する。このように、従業員の働く際の精神的態度や勤労意欲の程度もまた、個々人の内面の世界の問題であるから、組織リーダーは、従業員に適切なる誘因を提供して貢献意欲を獲得するしかない。

　これ以外の構成員・貢献者（関係会社・債権者・納品業者・地域住民・生協労組など）もまた同様に自律的な行為主体であり、生協組織の共通目的に積極的に貢献するか否か、その貢献意欲の程度については、個々の組織成員の動機・欲求の満足度・充足度に正比例している。

　それゆえ、生協組織の経営者としては、すべての組織成員・貢献者の内面の意思決定の過程に着目し、その動機・欲求・ニーズに応じた誘因を提供して貢献意欲・貢献活動を確保・強化し、共通目的を達成することが課題である。そのためには、組織成員の欲求・動機など環境要因について、たえず事実に即して調査・分析・識別・評価し、それに基づく環境適応のマネジメントが求められる。

●生協組織が患う「組織の病気」と対処の方法

　生協組織の経営者が個々の組織成員・貢献者に提供する誘因は、各成員の動機・欲求・ニーズに適応・マッチングしていなければ貢献意欲・貢献活動を確保・強化できず、共通目的は達成しない。つまり、不適切な誘因の提供は、組織を病気にする。

　たとえば、生協の設定する「商品の価格」が組合員の欲求・ニーズに合わず組合員満足度が低いのなら、組合員の生協商品の購買意欲は低下して購入額は減少する。その結果、商品の購入先は「生協以外が多い」（45.7％）および「生協は利用していない」（11.5％）とする組合員が増加し、全体の実に過半数（57.2％）を占めるに至る（日本生協連組合員満足度調査、2018年）。このような情況・症状は、まさに組合員満足度の低い「病める生協組織」である。

　生協で働く従業員の場合も同様である。従業員に提供する誘因が、当人の動機・欲求に適応していなければ、従業員満足度は低下する。そして「生協の仕事に生きがい・やりがいを感じない」「仕事が面白くない・楽しくない」となり、生協の共通目的に対する貢献意欲・モチベーションは低下・減退する。

　その結果、「仕事は最低限のコトしかしない」「余計なことは一切しない」「賃金をもらうためだけに働く」「意識的に怠業して残業手当を稼ぐ」「良い職場があれば速やかに移りたい」となる。このような「症状」は、人件費コストが同じなら、目に見えない「赤字・損失・債務・負債」の発生と同じことであり、まさに従業員満足度の低い「病める生協組織」である。

　それ以外の生協組織の構成員・貢献者についても同じである。仮

にもし関係会社・債権者・金融機関・商品納入業者・地域住民など
に提供する誘因が不適切で、組織成員としての動機満足度が低下す
るのなら、生協の共通目的に対する貢献意欲も低下する。

　その結果、組織成員・貢献者が生協から次第に離れてゆき、「生
協との取引を半減する」「生協との取引を止める」「生協には商品を
納めない」「生協には融資しない」「生協には協力しない」「生協と
は連携しない」ことにもなる。まさに「病める生協組織」である。

　もし生協の「組織の病気」がさらに深刻化すれば、組織成員・貢
献者の不平・不満・係争・紛争が多発するだけでなく、逆にまた逃
避・退行・怠業が蔓延する。かくして、「あきらめの漂う無気力な
組織」「何を言っても無駄な組織」「展望の見出せない組織」「ヤル
気の出ない組織」「自己改革のできない組織」となり、「不祥事・不
正・事故の多発する組織」「クレーム・苦情の多発する組織」とな
るだろう。

　これらの種々の「組織の病気」の原因は、言うまでもなく「自然
現象」でもなければ「生理現象」でもない。個々の組織成員・貢献
者に対して、適切な誘因・魅力・インセンティブが提供できておら
ず、個々の組織成員・貢献者の動機満足度が低いからであり、ひと
えに生協の理事長・役員など組織リーダーの組織マネジメント能
力、ソーシャル・スキルの問題である。

　日本生協連の本田英一・代表理事会長によれば、日本生協連の組
織の特徴は「官僚組織」であり「内向きの組織」である、と言う
(『激流』2019 年 11 月号、25 〜 27 ページ)。官僚組織とは組織それ自
体の防衛を自己目的化した権限主義・画一主義・形式主義の硬直的
な組織であり、環境適応がきわめて困難である。もし本田会長の認
識が事実であるのなら、生協組織の「病状」は極めて深刻である。

❸ 組織活動の基本的な管理職能

● 「組織と個人」はいかなる関係性か

　私たちの身の回りには、生協組織のみならず学校、教会、病院、政党、町内会、自治会、同窓会、後援会など、たくさんの「組織」が存在するが、そもそも「組織」とは一体何であろうか。

　「組織」とは実に得体が知れない。組織を構成する具体的な個人・成員・メンバーについては見ることも触ることもできるが、「組織」については見ることも触ることもできない。しかし「ないのか？」と問われれば、ないことはない。「ある」と言えば、確かに「ある」ようだが、「どこにあるのか？」と問われれば、いささか説明が厄介である。実に「組織」とは把握しがたい。

　「組織」と言えば、私たちはすぐに三角形のピラミッド型の組織図を思い起こすであろう。組織の図解・説明として、しばしば身辺に登場している。三角形のピラミッドの頂点には、理事長・社長・会長など「長」の付く人物が座し、その脇に「副」「サブ」の付く人物が居て、そこから現場の末端組織に至るまでの階層的連鎖の職位関係が図式化されている。

　一次元的な図解であるから已むを得ないとはいえ、このような組織図を見ても、その解説を読んでも、この組織がどうしたら動くのかは分からない。いかにしたら共通目的を達成するのか、いかにしたら個々の組織成員・メンバーが意欲的に組織目的に貢献し、組織が活性化するのか、そのような組織の動態的な側面についてはまるで見えてこない。そこでは、権限至上主義を背景にした上から下へ

のトップダウンの指揮・命令の絶対視が示唆されており、また組織の底辺・末端には絶対服従が期待されているようにも見える。確かに、これも「組織」の一側面であるかもしれない。

　実は、このような組織観は「古い経営学の考え方」（古典派経営学）の典型であり、現代の大学・学界・実業界・ビジネス界では、理論的にも実践的にも基本的に克服・止揚されている。以下において「組織」に関する新しい考え方を見ておこう。

●「組織活動」とは目的を達成する協働システムである

　新しい経営学の考え方（現代経営学）では、組織の中の個人（組織成員）は自由意思をもち自己の欲求・動機に基づいて選択力を行使する「自律的な行為主体」として把握する。つまり、個人は自らの欲求・動機・意欲を動因にして、目的・目標を誘発因として動機づけられ、自律的に行動する存在として見ている。とくに民主主義の成熟した先進諸国では、個々人の成長欲求・自己実現欲求の充足を重視して、それに強く動機づけられて行動する自律人・自己実現人モデルを前提にしている。

　自律人モデルを前提にすれば、個人が何らかの「組織」の構成員になるのは、組織の掲げる共通目的に共鳴し、自分ひとりでするよりも協働行為に参加した方が、自分の欲求がよりよく充足され、よりよく自分の目的が達成できる、と信じるからである。それゆえに、組織活動は個々の成員の行動なくしてありえないが、個々の成員は自分の欲求を充足する魅力・メリット・利益を享受できなければ組織活動への参加はない。かくして、「組織と個人」は相互に他者を前提にしており、両者の一体化が組織活動には不可欠である。

　つまり「組織活動」とは、人間行動に関わる欲求・目的・動機・意欲・誘因・満足・貢献などの非人格的な諸力・諸要因を、意識的・継続的に調整するなかでのみ成立・維持・存続する。

　したがって、それは実体ではなくて、「電磁場」のような触知しえない「人力の場」であり、特定の観点から諸力を調整・規制することでシステムとなる社会的な「生き物」である。ここでは、「動く組織」「目的を達成する組織」という動態的な把握を前提にしているので、「組織」と「組織活動」とは同義である。

●組織活動が始動するには３つの条件が不可欠である

　では組織リーダーが組織活動（協働行為）を始動するには、いかなる諸力・要因を、いかに意識的に調整・規制すれば良いのか、「果物を販売する会社設立の事例」を通じて考えてみよう。

　まず呼びかけ人は、会社設立の意義・目的などを多くの人々に告知・伝達し、それに賛同・呼応して複数の人々が意欲的に参加・貢献するときに組織活動は始動する。

　この場合、呼びかけた人と呼びかけられた人が、相互に連絡の取り合うコミュニケーションが必要であり、同時に呼びかけられた人の「是非とも果物販売の事業に参加・貢献したい」という「意欲」が不可欠である。

　このプロセスを整理すれば、組織活動が成立・始動するのは、(1)相互に意思を伝達できる人々がおり、(2)それらの人々は行為を貢献しようとする意欲をもって、(3)共通目的の達成をめざすときである。この３つの条件を確保・調整することを、組織活動の「内的均衡」と呼んでいる。

　(1)組織活動における伝達・コミュニケーションとは、組織を構成する個々人が情報・知識・意思・気持などを相互に交換・共有することである。つまり、呼びかけ人が会社設立の意義などを、出資や就業を思案する人々に伝達・告知して、参加を呼びかける際に不可欠である。その際に、できるだけ多くの人が事業に参加したくなる魅力・利益・メリットを伝達し、参加意欲（出資や就業の意欲）を刺激する。逆に呼びかけられた人も、呼びかけ人に賛同・参加の意思を伝達する必要がある。

　このような相互の伝達・コミュニケーションの手段・方法には、口頭や文面による言葉・言語が中心であるが、画像・映像なども含まれる。そのための道具・手段として、現代社会では種々の紙媒体のみならず、パソコン、モバイル、スマホ、情報ネットワークなどが不可欠である。

　(2)組織活動における貢献意欲・協働意欲とは、組織活動の共通目的を達成する意欲である。ここでは、果物販売という事業に参加・貢献したいという意欲・動機・欲求のことである。それは個人の私的な目的に対する意欲ではなくて、「協働して共通目的を達成したい」という協働行為に対する意欲であり、「忠誠心」「団結心」「団体精神」とも呼ばれている。

　貢献意欲・協働意欲については、現代社会における多数派の人々はつねにマイナスの側にいる。それゆえに、貢献意欲を安定的に確保できるのは、ある協働の機会が、個人に対して一人でするよりも何らかの利益・魅力をもたらし、その利益・魅力が他の協働の機会よりも多い（大きい）と感じるときである。このように、個々人の側に共通目的に貢献したいという意欲・動機・欲求がなければ、会社組織の設立もできず、果物販売の事業はまぼろしに終わる。

⑶組織活動における共通目的とは、個々の成員が共有している組織全体の達成すべき目的である。換言すれば、個々人が組織活動（協働行為）の目的を共有化することである。仮に、もし組織成員の少なくない人々が、果物販売を目的にする会社組織を利用して「保険のセールス」「宗教の勧誘」などの行為・行動を持ち込めば、社員は目的を共有化できず、社内は混乱する。その結果、果物販売という組織活動の共通目的は達成できず、事業は失敗に終わる。

協働する個々人の観点からみて「目的」には２つの側面がある。すなわち「組織活動の共通目的」と「個人の私的目的」である。後者は個人の動機・欲求と言っても良い。個人にとって意味をもつのは「組織活動の共通目的」ではなくて、組織が個人に課す労働・犠牲・負担・貢献や、個人に与える報酬・利益・魅力・メリットなどである。

したがって、「組織活動の共通目的」と「個人の私的目的（動機・欲求）」とは明確に区別される。このふたつが完全に同一であることは、現代社会の諸条件のもとではありそうもない。それゆえに、経営者は個々の組織成員に対して、共通目的が本当に存在しているという「信念」を植えつけ、「組織と個人」の両者を「一体化」することが基本的な課題になる。

●管理職能としての「伝達体系の形成と維持」

組織活動を維持・存続させることが、経営者の基本的な管理職能とすれば、それはなによりもまず、組織活動の始動のための３条件、すなわち「内的均衡」に対応している。

経営者のなすべき第１の管理職能は、「伝達体系を形成・維持す

ること」である。一般に組織活動における重要な伝達は、伝達体系と、その中の人間を介して遂行される。したがって、伝達を維持するには、伝達体系としての組織職位を創造し、そこに適切な管理職員を選択・配置して、管理職員から貢献意欲・貢献活動を獲得することが必要である。

　管理職員に求められる「貢献」とは、組織活動に対する「忠誠」「帰依」であるが、それは必ずしも金銭やモノなど有形の物質的な誘因の提供では充分に確保できない。そこには、誘因の良好なミックスが必要である。

　とくに管理職員にとっては、「仕事の興味」「組織の誇り」「威信への愛着」などが重要である。そのために、伝達体系の維持には、管理職員として相応しい人材を選択して、適切なる職位に配置・配属する人事問題が核心となる。

　なお、現代の企業組織には、パソコンを利用した情報ネットワークが張り巡らされており、そこでは組織の階層的職位を媒介・経由せずに情報伝達することが技術的に可能になっている。それゆえに比較的に重要でないルーチンワーク的な業務連絡などは、中間管理職を経由せずに伝達・交換が行われている。

　したがって、公式組織における伝達体系の維持にとって、中間管理職の果たす役割は相対的に低下しており、これが「フラット型組織」が誕生する根拠であり、さらに「中間管理職不要論」が生まれる根拠でもある。

　なお、情報ネットワークの技術的な進歩・拡張・発展は、従来の伝達体系のあり方を大きく変えており、「サテライト・オフィス」を生み出し、「在宅勤務」「テレワーク」など、自律性の高い新しい働き方を創出している。

　以上は、公式管理組織における伝達体系の議論であるが、それとは別に、非公式の伝達の果たす機能がある。それは、日本では「事前の根回し」という言葉で日常的に行われている。この非公式組織のもつ伝達機能は、情報ネットワークの普及にもかかわらず必要であり、公式管理組織の伝達体系の維持にとって重要である。

●管理職能としての「組織成員の貢献活動の確保・強化」

　経営者のなすべき第2の管理職能は、個々の組織成員・貢献者から共通目的に対する貢献意欲・貢献活動を継続的に確保・強化することである。この管理職能は、①まず個々人を組織活動の協働関係に誘引すること、②そのあと個々人から貢献意欲・貢献活動を引き出すこと、この二段階に区分される。

　たとえば、生協組織の場合には、第一段階として人々を勧誘して組合員や従業員にすること、第二段階として組合員や従業員のニーズ・欲求に適応して生協事業への貢献活動を確保することである。

　まず、組合員の場合をみておこう。組合員には、出資者としての顔とは別に、生協事業の利用者（顧客・消費者）としての顔があり、その意味での第一段階としては、広告・宣伝などの働きかけである。これも協働関係への誘引に含まれる。

　まずは、組合員を種々の誘因の提供で動機づけて、店舗に来店させる必要がある。しかし、来店しても全員が自動的に買い物をするわけではない。見て回るだけの人もいる。商品を購買するかどうかは当人の自由意思の問題であり、自律的な判断・意思決定の世界のことである。

　かくして第二段階として、購買意欲を刺激する適切なる誘因（利

益・魅力・メリット）を提供して、貢献（購買活動）を獲得する。顧客の組合員からすれば、貢献よりも誘因の方が大きいと感じるときに動機満足が生まれる。

　したがって、購買意欲・購買活動の程度（どれだけ商品を購買するか）は、購買過程における動機満足度に正比例する。かくして、顧客満足度（Customer Satisfaction, C.S.）の向上を重視・追求することになる。「お客様は神様である」は、その象徴的な表現である。

　次に、従業員・労働者（パート、契約、アルバイトを含む）の場合をみておこう。ここでの管理職能の第一段階としては、人員募集に人々を応募させ、選抜・採用・雇用して従業員にすること、そして第二段階としては、従業員になった個々人を、生協組織と一体化させて、共通目的の達成に継続的に貢献（労働・勤務）させることである。

　従業員といえども職場で意欲的に貢献・勤務するかどうかは、当人の内面の自由意思の問題であるから、経営者は個々の従業員に適切なる「誘因を提供」して「貢献を獲得」することになる。従業員の貢献意欲・貢献活動の程度は、職務・仕事の遂行過程における動機満足度（とくに自己実現欲求の充足度）に正比例している。したがって、多くの企業組織では「職務満足」「職務充実」を重視し、生きがい・やりがいを提供して従業員満足度（Employee Satisfaction, E.S.）の向上を追求している。

　なお、営業店舗・小売店のように、従業員・店員が直接に顧客・組合員に接する職場では、従業員の対応・接客が顧客の購買意欲に大きく影響する。かくして、従業員が「お客さんのご満足が自分の満足である」「顧客満足の実現が自分の動機満足である」ことがモデルとなる。

　つまり、小売店での「従業員満足度」が低いことは、顧客の購買意欲・購買活動を獲得する対応（接客・販促など）が不十分であることを意味し、それでは「顧客満足度」は向上しない。かくして、小売店では「従業員満足度」と「顧客満足度」との一体的な向上が重要になる。俗に言う「従業員は第二のお客様である」とは、その象徴的な表現である。

　組合員や従業員以外の組織成員・貢献者、つまり関係会社、金融機関、債権者、物品の納入業者、地域社会の住民さらに労働組合などの場合も同じである。彼らに対しても、経営者は同様の適切な誘因を提供して、それぞれの動機満足度（欲求充足度）を高めて、生協の共通目的に対する貢献意欲・貢献活動を持続的に確保・強化せねばならない。

　このような広範囲のステイクホルダーに対する一連の取組・対応のことを、一般的に、パブリック・リレイションズ（P.R.）と呼んでおり、多くの企業組織では、すでに半世紀以上も前から実施している。

　このように、経営者はすべての組織成員・貢献者との間に適切な「誘因と貢献」のバランスをとり、共通目的に対する直接・間接の貢献活動を継続的に獲得・強化する必要がある。その際に、個々の組織成員・貢献者にとっては、自己の貢献（負担・奉仕・犠牲）に比較して、享受する誘因（利益・魅力・メリット）の方が大きいと感じることが不可欠である。

●管理職能としての「共通目的の定式化・細分化と配分」

　経営者のなすべき第３の管理職能は、組織活動の共通目的を定式

化し、それを細分化して下位の単位組織（部、課、係、グループな
ど）に配分することである。下位の単位組織にとっては、分配され
た細部目的を達成することが、組織全体の共通目的に対する貢献に
なる。この連鎖は、最終的には末端組織の個々人への細部目的の分
配にまで至る。

　かくして、組織の中の個々人（組織成員・貢献者）は、自己に課
せられた細部目的を達成することが、同時に組織全体の共通目的の
達成に結びついている。この連鎖がうまく機能するかどうかは、ひ
とえに伝達・コミュニケーションの果たす役割である。

　管理組織の上層部と下層部とでは、目的の定式化・細分化の様相
が異なっている。上層の全般管理者は、長期的・抽象的・一般的な
ビジョン・理念・哲学などを提示して「これが我々の21世紀の行
動方針である」という。部長や事業部長など中層の管理者は「これ
は今年度の当部の課題であり来年度はこれこれである」と理解する。

　これに対して課長・係長など下層の管理者は、具体的・特殊的・
短期的な目的として「これは我々が今月中に取組み完了する作業で
あり来月にはあの場所であの作業をする」と受けとめる。現場の末
端組織の個々人は「これが本日中にやり遂げる自分の課題であり明
日はこれである」と受けとめる。

　このように、下位組織では短期的・直接的な細部目的に集中する
ので、しばしば組織全体の共通目的（ビジョン・理念・哲学）との
関連性を見失いがちである。したがって、多くの事業組織において
は、組織末端の細部目的と組織全体の共通目的との関係性を再確認
し、共通目的を共有化するために、朝礼（ミーティング）などにお
いて個人の行動目標を自覚させつつ、社是・社訓・経営理念などの
唱和を行っている。

組織活動と環境適応のマネジメント

●組織活動の存続・発展には「組織目的の達成」が不可欠である

　組織活動が存続・発展するためには、なによりも共通目的の継続的な達成が不可欠である。組織活動の目的達成の程度のことを、現代経営学では「有効性」（effectiveness）と呼んでいる。

　いかなる組織活動であろうとも、掲げた目的を達成しない（できない）のであれば存続することはない。仮に果物販売を目的にした会社組織が「1個のリンゴも売らず1円の利益もあげない」とすれば、もはや存続することもできず、当然のことながら解散・倒産であろう。患者の怪我や病気を治療しない病院組織、火事場の火を消さない消防署組織、学生を教育しない学校組織、心の救済をしない宗教組織など、いかなる組織活動でも自ら掲げている目的を達成しないのであれば、存続はあり得ない。

　したがって、組織活動の存続・発展は共通目的の達成能力に依存しているが、そのためには絶えず環境要因・状況要因に適応・マッチングした目的を選択する必要がある。環境要因に適応しない（無視した）目的を採用しても、それは達成できない。それゆえ目的を達成するには、目的に適応するように環境要因・状況要因を変更するか、それが不可能であれば目的を放棄・変更するしかない。

　たとえば、リンゴ販売を目的にした店舗を開くにしても、その場所が顧客・消費者の見当たらない砂漠の真ん中であれば、目的は達成できない。その際に砂漠の真ん中に大量の人間を移住させて「顧客・消費者を創出」すれば（環境の変更）、目的は達成できるが、それ

が不可能ならば、リンゴ販売という目的を放棄・変更するしかない。

　このように、組織活動を存続・発展するには、絶えず環境要因・状況要因に適応・マッチングした新しい目的を選択・採用して、それを継続的に達成することが求められる。環境要因はつねに変化するので、たえず「目的→達成→新しい目的→さらに達成——の連続」が不可欠な条件である。

　組織活動の目的を所与と仮定すれば、次は組織活動の共通目的の達成のために採用した手段・方法が適切かどうか、という問題が検討されねばならない。

● 「組織目的の達成」には戦略的要因の識別・評価が不可欠である

　組織活動の共通目的の設定は価値前提・価値判断に基づくが、目的達成のための手段・方法の選択（意思決定）は事実前提・事実判断による論理的・分析的な行為である。ここにマネジメントの論理的・分析的な側面すなわち戦略的要因の識別・評価の問題が浮上する。戦略的要因とは、他の要因が一定ならば、それを「取り除く」か、あるいは「注入する」ことで目的が達成する要因のことである。つまり、目的の達成を制約している要因（制約的要因）である。

　たとえば、我が家の畑のダイコンが育たない原因を調べたら、土壌に必要な「チッソ・リン酸・カリ」のうち「カリ」が不足しているからだとすれば、「カリ」がダイコンの生育（目的の達成）を制約している要因である。その事実前提・事実判断を踏まえ、戦略的な意思決定として畑に一定量の「カリ」を蒔くことになる。また我が家の畑のニンジンが育たないのは、大津波で畑が海水に浸かり土壌の「塩分」が目的達成を制約している要因だとすれば、戦略的な意

思決定として、土壌の塩分を取り除くことになる。

　また生協組織の総事業高が増えない要因を調査・分析したら、若い世代の組合加入率が極端に低く、組合員の高齢化・休眠化・減少化を生みだし、そのことが生協の利用額・事業高の増大を制約しているとすれば、「若い世代の組合加入率」が目的達成を制約している要因である。この要因を識別・評価し、その事実判断として「若い世代の組合加入率を高めて生協組合員数を増やし、利用額・事業高を増やすこと」が戦略的な意思決定である。

　このように目的達成を制約している要因を、事実に即して分析・識別・評価し、それを設定・注入・投入・増加するのか、それとも除去・撤収・整理・削減するのか、目的達成のできる行動・行為を事実判断に基づき選択（戦略的に意思決定）することが求められる。

　組織活動の共通目的を達成する手段・方法の適切性を問う場合、そこには応用科学の技術、組織構造の技術、生産および販売の技術などが含まれる。この手段・方法の適切性は、末端組織の課業にまで及んでいる。それゆえ、目的達成にとって、個々の細部の課業に適する技術が有効・適切かどうかが問題となるので、全体の目的達成のためには諸技術を総合化することが必要となる。

　諸技術を総合化する具体的な方法は、「標準」「基準」の設定である。たとえば、鉄道運営の多くの細部の技術は「軌道のゲージ」という単一の要因に支配されており、その幅の大きさが車両の大きさから駅のホームのサイズに至るまで細部の課業の技術を限定している。このように、「標準」「基準」によって細部の課業にわたる組織活動の諸技術は総合化され、全体の目的は達成される。

　マネジメントの過程は、組織活動の目的達成と、そのための手段・方法の技術的な面に限定しても、それは全体の総括・総合化の

過程である。すなわち、局部的な考慮と全体的な考慮との間に、さらに特殊的な要求と一般的な要求との間に、効果的なバランスを見出す過程である。そこには、全体をバランスよく捉えるセンスが要求される。その意味では、マネジメントのプロセスは審美的である。組織活動の全体が、どの程度の共通目的を達成したかという観点からみれば、マネジメントは統制を意味している。

　以上の記述は「組織活動の目的達成の程度」（effectiveness、有効性）の観点からみた組織マネジメントであるが、同時に「個々の組織成員・貢献者の動機満足（欲求充足）」という観点からみた記述が不可欠である。

●組織活動の存続・発展には「組織成員の動機満足」が不可欠である

　組織活動の存続・発展には、共通目的の継続的な達成（有効性）とともに、個々の組織成員・貢献者の動機が満足することが不可欠である。なぜなら、共通目的の達成は、個々の組織成員の貢献意欲・貢献活動の程度に依存するが、それは個々の組織成員の動機満足度（欲求充足度）に正比例するからである。

　人間の行動とは、何らかの動機の満足（欲求充足）のプロセスであるから、動機満足度が高ければ、それだけ行動目的に対する達成意欲（勤労意欲・購買意欲・貢献意欲など）は高くなる。それゆえに多くの事業組織では、「従業員満足度」（Employee Satisfaction, E.S.）や「顧客満足度」（Customer Satisfaction, C.S.）の向上・高揚を重視・追求して、共通目的に対する貢献意欲・貢献活動を確保・強化している。

　古い経営学の考え方（古典派経営学）では、組織成員は他律人モ

デル（他律的な行為主体）として把握され、目的達成のための道具・手段にされるので、ここには個々の組織成員の欲求・動機を充足・満足させるという発想はない。

それに対して、新しい経営学の考え方（現代経営学）の場合は、組織成員・貢献者を自律人・自己実現人モデル（自律的な行為主体）として把握するので、個々の組織成員の貢献過程（労働、購買など）における動機満足（欲求充足）を重視する。したがって、個々の組織成員の欲求・動機に適応する誘因（利益・魅力・メリット）を提供して、組織成員から貢献活動（負担・活動・労働・犠牲・奉仕）を獲得することになる。つまり「環境適応のマネジメント」である。

この点を個々の組織成員の視点から記述すれば、共通目的に対する自分の貢献（負担・労働・活動・犠牲）に比較して、組織から享受する誘因（利益・メリット・魅力）の方が大きいと感じれば、組織成員としての自分の動機は満足して貢献意欲は向上する。

その際に、個々の組織成員が少ないアウトプット（貢献・労働・犠牲・負担）により、多くのインプット（誘因・利益・魅力・メリット）を得たとすれば、それは「効率性・能率」（efficiency）を意味する。したがって、現代経営学では組織成員の動機満足（欲求充足）の程度のことを「効率性・能率」と呼んでいる。

● 「組織成員の動機満足」のために求められる重層的な
　組織マネジメント

組織活動の存続・発展のためには、共通目的を継続的に達成する（有効性）とともに、個々の組織成員の動機を持続的に満足する（効率性・能率）ことが不可欠である。この「有効性」と「効率性・能率」の両者を維持・実現することを、現代経営学では組織活動の

「外的均衡」と呼んでいる。

　ここに組織活動の外的均衡を継続的に維持する課題が浮上する。外的均衡の維持は、諸誘因のいくつかの集合・組み合わせにより実現される。ここで誘因とは、欲求動機を刺激して貢献（行動・活動・労働・奉仕）を引き出す要因のことであり、基本的に人間の生存欲求・関係欲求・成長欲求などに対応している。具体的には、モノやカネ、名誉・威信、承認、安らぎ、一体感、参加の機会、自己実現の機会など有形・無形のものであるが、それが個々の組織成員・貢献者の欲求・動機に適応・マッチングした場合に「誘因」となって貢献意欲・貢献活動を引き出すことになる。

　これらの誘因は、たとえば組織活動が物財（土地・建物・機械・道具・カネ・商品など）を支配・統制することで付与される効用・価値、さらに個々人の貢献・活動の相互作用が生み出す社会的な効用・価値、そして組織活動と他の組織活動との間にて相互に効用を交換することで生まれる社会的な効用・価値（信用・名声・知名度・ブランド）など、さまざまな局面で生み出されている。

　たとえば、わが社の製品は永らく国内限定で販売していたが、市場をヨーロッパに広げるため、ロンドンのハロッズ百貨店と業務提携して店頭に陳列した結果、たまたま女王陛下の目に留まって英国王室御用達の会社になり、わが社の信用・名声・知名度・ブランドは一気に高揚して、製品愛用者や顧客が世界的に増加し、わが社の株価は急上昇するなど、さまざまな諸関係を構築することを通じて、新しい社会的な効用・価値が創出されるような事例である。

　したがって、組織活動は諸関係の構築や相互作用により生み出された諸効用・諸価値をプールし、さまざまな種類の効用・価値を交換・変形・創造することで、個々の組織成員・貢献者の貢献意欲・

貢献活動を獲得・強化・統制することができる。

　その際に、個々の組織成員・貢献者からすれば、組織目的に対する自分の貢献（負担・労働・奉仕・犠牲）と比べて、それを上まわる誘因（魅力・メリット・利益）の余剰（純誘因・純満足）が必要である。したがって、組織活動はプールしている効用・価値の交換・変形・創造を通じて、効用・価値の余剰つまり純誘因（純満足）を確保できるときにのみ、組織成員・貢献者の動機を満足させて存続・発展ができる。逆に種々の諸操作の結果として、純誘因（純満足）が生まれなければ、組織活動の存続・発展は困難となる。

　以上のように、組織活動は協働行為における諸要素の組み合わせにより、新たな効用・価値を生産的に創造・創出できるので、プールしている効用・価値に余剰つまり純誘因（純満足）を創造・確保して、それを組織成員・貢献者に提供することで動機満足をもたらし、貢献意欲・貢献活動を獲得できる。それは全体としての組織活動のマネジメントに対応している。

　それゆえに、個々の組織成員・貢献者の究極の動機満足は、各部分要素の動機満足とともに、全体の組み合わせによる創造的な要素によっても影響される。これら2つの要因を統制して余剰・純誘因を確保し、個々の組織成員の貢献活動を確保することが、究極のトップ組織リーダーの担う全般的管理過程である。

　したがって、全般的マネジメントの遂行には、「適合性の感覚」「適切性の感覚」「責任として知られている能力」「全体状況を感得する技量」などが必要である。それは知的なものというよりも、美的センスの問題であり、これが組織活動（協働行為）の目的達成にとっての最終的表現である。ここに、組織リーダーの内面の主観的・道徳的な要因の問題が浮上してくる。

●リーダーシップの道徳的要因が果たす役割とは何か

　組織活動の存続・発展は、一般にリーダーシップの良否に依存するが、その良否は組織リーダーの内面の根底にひそむ道徳性が決めている。ここで道徳性とは、いわゆる「良心」のことである。それは、人間が行動する際に善悪の判断をして、善を受け入れ悪を退ける「心の働き」である。つまり、人間が意思決定し自律的に行動する際の内面的な道徳規範・行動準則の作用であり、精神性・価値的態度のことである。

　組織成員を鼓舞して共通目的に動員する際に、組織リーダーの道徳性・精神性・良心が果たす役割は大きい。リーダーシップには2つの面があり、ひとつは技能・知識・知見など教育訓練で育成・修得できるテクニカルなスキルの面であり、もうひとつは決断力・不屈の精神・耐久力・勇気などと表現される組織リーダーの内面的な道徳性・精神性の側面である。

　後者の組織リーダーの道徳性・精神性は、以下のような「信念」を創出することで、個々の組織成員・貢献者の意思決定を内面的に鼓舞する力となる。つまり、「成功するだろうという信念」「個人的動機が満足されるだろうという信念」「客観的権威が確立しているだろうという信念」「組織活動の共通目的が組織成員の目的よりも優先するという信念」などである。これらの「信念」が、個々の組織成員に内在しなければ、共通目的に貢献することはない。

　つまり、リーダーシップの道徳性・精神性とは、内面的な行動規準となる心の作用であるが、それは個々の組織成員に働きかけている諸力・諸影響のすべてが含まれている。すなわち個々の組織成員

の行為は、経営者のリーダーシップなど外的な諸力に影響されており、それが個々の組織成員とって守るに足るものとして受容されたときに、内面的な道徳・良心となり自己の行動・行為を規制する。

その結果として、個々の組織成員の内面には道徳・良心に反する行動を抑制し、それに一致する行動を強化する性向が生まれるが、これが「責任」である。つまり、「責任」とは道徳・良心に即した行動のことであり、それが人間の行動に信頼性と決断力を与え、その目的に先見性と望ましい理想を与えている。管理者の場合には、職位が上昇するにつれ道徳性は複雑・多岐に渡り、責任能力の必要性が増大する。

●トップ組織リーダーに求められる高邁な組織道徳の創造

組織活動が存続・発展するには、経営者のリーダーシップ機能は不可欠であり、それは組織の中の個々人（組織成員・貢献者）がもつ固有の離反力を克服して組織活動に結集させている。すなわち、それは「組織活動の目的に共通の意味を与える」「諸誘因を効果的にする新たな誘因を創造する」「変化する環境のなかで無数の意思決定の主観的側面に一貫性を与える」「協働行為に必要な強い凝集力を生み出す個人的な確信を吹きこむ」などの機能である。

経営者など組織リーダーにとっては、道徳・良心（内面的な私的準則・行動規準）の果たす役割は大きくて、①組織準則（組織活動を支配する道徳・良心）と個人準則（個人行動を支配する道徳・良心）の一致が求められ、②道徳・良心を守る能力（高い責任能力）が要求され、③他の人々のために道徳を創造する能力が必要とされている。とくにトップの組織リーダーには、みずから道徳・良心を堅持

し、それに支配される責任能力が求められる。

　組織活動が長期的に存続・発展するためには、先に見た、①組織活動の共通目的の継続的な達成（effectiveness、有効性）とともに、②個々の組織成員・貢献者の動機満足（efficiency、効率性・能率）の両者が不可欠である（外的均衡）が、さらに、③組織活動を支配する高潔な道徳性・社会性・倫理性（morality、道徳・良心）が必要である。

　つまり、組織活動の存続・発展は、掲げた理想・理念・哲学・ミッションの高邁さとともに、組織活動を支配している道徳性・精神性・社会性の高潔さ（morality）に正比例している。キリスト教や仏教などの宗教組織が、まがりなりにも永年に渡り存続しつづける根拠のひとつでもある。もしも組織活動を支配する道徳性・精神性が低俗・下劣であれば、リーダーシップは永続することなく、個々の組織成員・貢献者に対する影響力はすぐに消滅して、組織活動が長期的に存続・発展することは困難になる。

　したがって、トップ・マネジメントには新しい時代に相応しい高邁な理念・哲学とともに、組織を支配する道徳性・精神性を創造する能力が重要となる。高邁な組織道徳の創造こそが、組織成員の離反力を克服して共通目的の達成過程に結集させる。この最高の意味でのリーダーシップがなければ、組織活動に内在する諸困難はとうてい克服できない。近年のマスコミを賑わした一部の企業組織の道徳性・精神性の下劣さを引き合いに出すまでもない。

　すでに先進的な企業組織の経営者たちは、自らの高潔な道徳性・精神性を堅持するのみならず、21世紀にふさわしい個人・企業・社会の関係性を念頭にいれて、組織活動を支配する新しい高邁な道徳性・精神性を創造し実行している。

❺ 生協組織と「業務運営の有効性と効率性」

● 「業務運営の有効性と効率性」とは如何なる意味か

　先に考察したように、組織活動が存続・発展するには「組織活動の共通目的の達成」（有効性）ととともに、「個々の組織成員・貢献者の動機の満足（欲求充足）」（効率性・能率）が不可欠である。つまり、「外的均衡」の維持・実現が、組織活動の長期的な存続・発展の条件である。

　「組織活動が共通目的を達成する」（有効性）には、先に見たように、環境適応の適切性が求められる。仮にも環境要因・状況要因に適応しない目的を選択・設定しても達成することはない。

　たとえば、イスラム教徒の国において豚肉料理をメインにした居酒屋を開店しても、そのビジネスは成功しない。明らかに環境要因に適応していない目的を選択したからである。仮にコーランを全面的に書き換えて、イスラム教の教義を「改訂」し、豚肉やアルコールの摂取を解禁・自由にすれば（環境の変更）、目的は達成できるが、それが不可能ならば、飲酒厳禁のハラール料理専門店に変えるしかない（目的の放棄・変更）。

　どんな事業の組織活動でも、環境要因・状況要因に適応しない目的を選択・採用しても、それは達成しない。仮にも掲げた目的が達成しなければ組織活動は存続できない。目的達成のためには目的に適応するように環境要因・状況要因を変更するか、それが不可能ならば目的を放棄・変更するしかない。

　つまり「個々の組織成員・貢献者の動機を満足（欲求充足）する」ことが環境要因・状況要因との適切性の問題である。すなわち、組織成員に提供する誘因（利益・魅力・メリット）が、個々の成員の欲求・ニーズに適応しなければ動機は満足しない。満足しない場合には、欲求・ニーズに適応する別の誘因を提供するか（目的の変更）、もしくは組織成員の欲求・ニーズの内容・レベルを変更・創造・創出するしかない（環境の変更）。いずれにせよ、提供する誘因が個々の組織成員の欲求・ニーズという環境要因に適応しなければ、動機が満足（欲求充足）することはなく、貢献意欲・貢献活動が確保・獲得できず、組織活動の共通目的は達成できない。

　かくして、生協組織の経営者・組織リーダーには「組織活動の共通目的の達成過程（有効性）」と「個々の組織成員・貢献者の動機満足の過程（能率・効率性）」の両者を一体化する組織マネジメント能力が求められている。換言すれば、組織活動の外的均衡を継続的に維持・実現する能力である。

　以下において、生協組織の外的均衡を維持するために、いかに組織成員・貢献者に「誘因を提供」して「貢献を獲得」するのか、業務運営の「有効性」と「効率性・能率」の問題を考えよう。

●組合員満足度の向上なくして貢献意欲・貢献活動の強化はない

　生協組織のもっとも基本的な組織成員・貢献者は個々の組合員である。組合員は、もっとも分かりやすい生協の構成員ではあるが、生協の共通目的に対して、いかなる「貢献」をしているのか。

　個々の組合員は生協組織に対して、まず「資金を出資するという貢献」をしている。組合員は、生協が提供する誘因（剰余金の払戻

し等）と引き換えに出資者・貢献者になっている。もしも個々の組合員が出資という貢献に比べて、享受する誘因（剰余金の払戻し）が少ないと感じ、自己の動機が満足（欲求充足）しないときには、出資者・貢献者であることを止めるであろう。そして、仮に大半の組合員が出資金の返済を求めて生協組織から脱退したら、生協の事業はたちどころに運営が苦しくなり、ゆき詰まる。その意味では、組合員の「出資者であり続けるという貢献」は、生協組織の目的達成にとって不可欠な大前提である。

　また組合員は、顧客・消費者として「生協の商品・サービスを購買するという貢献」をしている。個々の組合員・顧客は、生協の提供する誘因（商品・サービスが安心・安全である等）と引き換えに購買という貢献活動をしている。圧倒的な多数派にとっては、先に見た剰余金の払戻しよりも、むしろ「商品・サービスが安心・安全である」ことが最大の誘因かもしれない。

　したがって、組合員は「商品を購買するという貢献」に比較して、自分が享受する誘因の方が大きいと感じて、動機が満足する限りでは、購買者・利用者・貢献者であり続ける。

　仮にもし「生協商品の値段が高い」など購買者・利用者としての動機が満足しなければ、購買意欲は低下・減退する。そして、買い物はもっぱら近くのスーパーやコンビニを利用するようになり、その結果として、生協を利用しない組合員が増加して、生協の事業高は低迷・減少する。

　それゆえに、生協の経営者は、たえず個々の組合員・顧客・消費者の購買動機を継続的に満足（欲求充足）させなければならない。そのためには「組合員満足度調査」などを通じて、たえず個々の組合員の欲求・動機・ニーズを分析・識別して見極め、それに適応す

る商品・サービスをタイムリーに開発・提供することが不可欠である。組合員・顧客が生協の商品・サービスを「購買」するという「貢献」は、生協組織の目的達成にとって不可欠な前提である。

　組合員は、さらに生協組織の「運営に参加・参画するという貢献」もしている。たとえば、地域別に組織された各級の諸会議（エリア会議、ブロック会議、支部会議など）を通じて、さらに総代会（総会）を通じて、生協全体の長期・短期の方針・施策の意思決定や具体的な取組みに直接・間接に参画している。また幾人かの組合員は、理事や種々の役員として、日常的な生協組織の運営に直接的に責任をもっている。このような組合員・参画者の自主的・自発的な貢献活動がなければ、民主的な生協組織は存続しえない。

　この「組織運営に参画」という貢献を動機づける誘因はさまざまであるが、基本的には生きがい・やりがいであり、成長欲求・自己実現欲求の充足であろう。この場合も、個々の組合員・参画者は、自分の貢献（負担・犠牲・奉仕）よりも、享受する誘因（生きがいなど満足・魅力）の方が大きいと感じる限り、「運営に参加・参画するという貢献」を続けるであろう。

　仮に、もし組合員が生協の諸会議や行事に参加しても、平和や民主主義の理念が無視されたり、少数者が独断的・専制的にトップダウンで議事進行し、参画者として生きがい・やりがいを少しも感じない（動機が満足しない）のであれば、参加意欲・貢献意欲は大きく減退する。それゆえに、経営者の側は個々の組合員・参画者に対して、たえず適切な誘因を提供して参加意欲を高め、貢献活動（参加・参画）を確保・強化しなければならない。

　以上のように、生協組織にとって個々の組合員（出資者・顧客・消費者・参画者）は最も重要な構成員・貢献者である。したがって、

生協の経営者は、たえず組合員の多様な動機・欲求・ニーズを調査・分析・識別・評価し、それ応じた適切な誘因をタイムリーに提供して持続的に動機満足を追求しなければ、貢献意欲・貢献活動が確保・強化できない。その結果として、生協組織の共通目的は達成できず、長期的な存続・発展が困難になる。

●従業員満足度の向上なくして貢献意欲・貢献活動の強化はない

　生協組織（子会社・関係会社・委託会社なども含む）で働くすべての従業員・労働者は、雇用形態・労働条件に関係なく（また性別・民族・国籍・宗教などに関係なく）、生協の組織成員・貢献者である。すなわち、正規雇用者のみならず非正規雇用のパート、派遣、契約、アルバイトなど、生協の共通目的に対して直接・間接に貢献（仕事・労働・活動）する自律的な行為者はすべて組織成員である。

　従業員・労働者は、生協組織が提供する種々の誘因と引き換えに、共通目的の達成のために仕事・労働・活動という貢献活動をしている。この場合、個々の従業員は、自分が提供する貢献（労働・活動・負担・犠牲・奉仕など）と比較して、生協組織から享受する誘因（魅力・メリット・満足・生きがいなど）の方が大きいと感じる限り、組織成員・貢献者であり続ける。

　逆に自分の貢献に比較して享受する誘因が少なくて動機が満足しなければ、共通目的に対する貢献意欲は減退・低下する。その結果、「仕事は最低限のコトしかしない」「言われたコトしかしない」「余計なコトはしない」「給与をもらうためだけに働く」ことになる。最悪の場合には、「生協では働きたくない」「転職したい」となり、生協の組織成員・貢献者であることを止める。

　生協の営業店舗で働く従業員は、日常的に見えやすい組織成員・貢献者である。店舗業務に従事するという従業員の貢献がなければ、生協店舗は 1 日たりとも存続しえない。生協店舗の圧倒的な多数派（約 9 割）は、パートなど非正規雇用者たちであるが、生協組織の「貢献者」という意味では、正規雇用者と同一である。

　現代経営学（現代組織論）の視点から言えば、パートやアルバイトなど非正規雇用者もまた生協の組織成員・貢献者である。ここでは雇用形態・労働条件の差異は無視・捨象されるので、アルバイトを「従業員」の概念から排除する理由はどこにもないし、異なる貢献者として差別する理由もない。アルバイトも貴重な貢献者であり、低賃金の使い捨て労働力ではない。

　また生協の子会社・関係会社・委託会社の従業員（正規雇用者のみならずパート・アルバイト・派遣社員・契約社員など非正規雇用者も含む）もまた生協の組織成員であり貢献者である。

　これらのすべての生協の従業員・労働者を動機づける誘因は、「従業員満足度調査」が明らかにするように、業務・職務・仕事の遂行過程（貢献活動）における自己実現欲求・成長欲求の充足である。つまり、「仕事が面白い・楽しい」「仕事を通じて成長した」「仕事を通じて自己実現した」「仕事に生きがい・やりがいを感じる」ことである。

　一般に小売業・接客業・サービス業のように店員・従業員が顧客に直接に接する職場では、店員の接客・対応・販促などの適否が顧客の購買意欲に影響する。それゆえ、店員・従業員が「顧客満足度を高めるという職務・仕事・業務」に十分に動機づけられねばならない。生協の場合、「組合員に喜んでもらったときが従業員として一番うれしい」「自分の仕事のやりがいは組合員に満足してもらう

ことだ」「組合員・顧客の満足度の向上が自分の職務満足である」ことが必須の条件になる。

　営業店舗や個配・宅配に携わる従業員の職務満足度が低いことは、組合員（顧客・消費者）に対する接客・応対・販促などの職務に十分に動機づけられていないことを意味する。それでは、組合員の購買動機は刺激されず、購買意欲・購買活動が高揚・強化することはない。それゆえ、営業店では「従業員満足度」と「組合員満足度」の向上とは一体化して追求する課題である。

　生協組織（子会社、関係会社、委託会社も含む）で働く従業員満足度が低くて貢献意欲・貢献活動が低迷しているとすれば、それはひとえに生協経営者の組織マネジメントに問題があり、すみやかな改善・改革が求められる。

●本部機構の職員・スタッフの動機満足なくして　　貢献意欲の向上はない

　生協組織の本部機構で働く従業員・労働者は、外部からは見えにくい貢献者・組織成員であるが、生協全体の管理・運営・統治・統制のために不可欠な各種の業務・職務・仕事・労働に従事している。たとえば、総代会や理事会の運営業務、中長期計画の立案や進捗管理、予算編成と執行管理、投資計画の立案、従業員の教育訓練、人事配置、福利厚生、安全衛生、健康管理、リスク管理、労使交渉に関する業務などである。このような貢献活動がなければ、生協組織の全体が運営できない。

　本部機構で働く従業員・労働者もまた職務満足の向上なくして共通目的に対する貢献意欲・勤労意欲の向上はない。そのためには、ここでも職務・仕事・業務・労働における自己実現欲求・成長欲求

の充足が不可欠である。

　理事会を構成する理事長・副理事長・専務理事・常任理事などの役員は、生協組織全体をマネジメントするという貢献者である。その貢献活動の適否が、生協組織全体の命運を左右するので大きな責任を担っている。したがって、理事長など組織リーダーは「経験とカン」「古い経営学の考え方」の呪縛・拘泥を克服・止揚して、新しい経営学の知識・知見の修得と組織マネジメント能力の向上およびソーシャル・スキルの改善・研鑽が求められる。

　監事は、総代会・理事会・代表理事という三機関の活動（業務遂行）に対する監査活動を通じて、生協組織の共通目的の達成に貢献している。個々の監事は独立した機関として扱われており、監査の対象（総代会・理事会・代表理事という三機関）に対して忌憚のない意見を表明することが求められている。

●納品業者・債権者の動機満足なくして生協への貢献・協働はない

　生協組織に各種の商品・物品・サービスを提供・納入・供給する業者・委託会社・協力会社もまた、現代経営学から見れば、重要な生協の組織成員・貢献者である。生協組織が100％出資して設立した種々の子会社・関係会社は、言うまでもなく生協の組織成員であり貢献者である。

　関係会社・納品業者らが安全・安心の良い製品・商品・サービスを継続的に提供するという貢献なくして、生協店舗の日常の業務はあり得ない。納品業者の側から見れば、生協組織に対して商品・サービスの提供という貢献をするのは、安定的に利益・収益が得られるという誘因のためであり、納品業者としての動機が満足する限

り貢献者であり続ける。このように、協力会社・納品業者は生協の重要な組織成員・貢献者であり、彼らとの良い関係・信頼関係を維持することは、生協経営者・組織リーダーの重要な職務である。

　生協組織に資金を融資・融通・提供する債権者・金融機関もまた組織成員・貢献者である。「国語辞典」的な「組織成員」「メンバー」の概念に拘泥している人からすれば、実に奇異に感じるかもしれない。しかし、ここでは生協の共通目的に対して直接・間接に「貢献」しているかどうかのみが検討される。

　もしも債権者・金融機関から種々の資金面での融資・融通・提供という貢献がなければ、生協組織の事業活動の継続は困難であろう。債権者・金融機関の側からみれば、生協組織に対して資金を融資・融通・提供するのも、ひとえに安定的に利子・利益が得られるという誘因のためであり、債権者としての動機が十分に満足（欲求充足）するからである。したがって、生協の理事会・組織リーダーは利子・利益という誘因を安定的に提供し、債権者・金融機関との良い関係・信頼関係を構築することは、重要な職務のひとつである。

● 地域住民・地域自治体の動機満足なくして
　　生協への貢献・協働はない

　生協店舗をとりまく地域社会の住民および地域の自治体組織もまた、現代経営学から見れば、生協組織の組織成員・貢献者である。そのような認識は、おそらく「国語辞典」的な「組織成員」「メンバー」の概念に拘泥・執着している人にすれば、とりわけ奇妙に聞こえ理解不能かもしれない。

　生協組織は、しばしば地元の自治体組織や地域住民の自治会組織などと連携・協力・共同して、地域社会に根差したさまざまな取

組・行事・活動を行うが、それらは地元自治体や地域住民の好意的な「支援・協力・賛同・協賛・協働・連携という貢献」なくしては何もできない。

ある地域では、「地域社会に深く根差した生協組織」「地域住民の自律的な自治会組織」「地域の自治体・行政組織」という三者の提携・協働・協力を通じて、買物困難者のための移動販売車事業を成功させている。それは地域生協・地域社会（住民・自治会・自治体）の「買物困難者の問題を解決したい」という共通目的に対する貢献活動の賜物である。つまり、買物困難者という社会的な問題を、生協事業の収益性を確保しつつ、地域社会と連携して解決した事例であり、生協型ソーシャルビジネスと言ってもよい。

このように、生協組織が地域社会に深く根差して、高邁な理念を掲げて社会的に意義のある諸活動に取組む限り、地域の住民組織や自治体組織は、生協の共通目的に対する直接・間接の貢献者であり続ける。仮に反社会的勢力の事務所が地域に設置されても、そこには地域住民・地域社会からの「支援・協力・賛同・協賛・協働・連携という貢献」はありえない。

したがって、生協組織がたえず地域住民・地域社会との良い関係・信頼関係を構築・維持することは重要な課題であり、生協経営者・組織リーダーの重要な職務のひとつである。それは生協組織に対する地域住民からの幅広い「支援・協力・賛同・協賛・協働・連携という貢献」を確保・強化する活動であり、さらに「将来の生協組合員」「将来の生協従業員」を確保する取組でもある。そのような活動のことを、経営学では「パブリック・リレイションズ（PR活動）」と呼んでおり、営利企業では半世紀以上も前から意識的・自覚的に取組んでいる。

このように地域住民・地域自治会・自治体組織などもまた、生協組織の組織成員・貢献者であり、それら行為主体の自律的な貢献活動が、生協の組織活動の存続・発展のためにも不可欠である。

●生協労組との「相互信頼」なくして共通目的への貢献・協働はない

最後に、生協労働組合までも、生協の組織成員・メンバーに加えれば、とりわけ奇異に思う人は多いであろう。「国語辞典」や「六法全書」的な意味での「組織成員」「メンバー」の概念に拘泥・執着・固執している人には、おそらく理解しがたいことであろう。また、生協理事会と厳しい交渉をする自律的な労働組合組織を、生協の組織成員の扱いにして反発する人は多いかもしれない。

しかし、現代経営学から見れば、個々の従業員が生協の組織成員・貢献者であったように、生協の従業員自らが組織し結束した労働組合組織もまた生協組織の重要な組織成員・貢献者である。現代経営学で言う「組織成員」とは、あくまでも組織活動の共通目的に対する直接・間接の「貢献者」のことである。

では生協労働組合は、いかなる「貢献」を生協組織にしているのか。なによりも、生協組織の掲げる高邁な目的・理念の実現には、生協労働組合が取組む一連の社会的な活動・運動・闘争のすべてが不可欠であり、そのような根源的な「貢献」なくして、生協組織の掲げる高邁な目的・理念は達成できそうにはない。

確かに、生協労働組合の取組む狭義の経済闘争については、部分的・一時的には生協理事会との利害対立の局面もあろうが、政治闘争・イデオロギー闘争・文化闘争・社会的貢献活動・国際的貢献活動などをふくめて、むしろ共通する課題の方が多いであろう。とす

れば、生協労働組合は、生協組織の目的・理念の達成・実現に対する、もっとも重要な、もっとも根源的な「貢献者」である。

　さらに労働組合は、バラバラになりがちな従業員を団結させ結束させるという重要な「貢献」をしている。もちろん、この「団結」は本来的に従業員の労働条件を守り発展させるための自主的な団結ではあるが、従業員が団結・結束している状況の創出は、生協組織の目的達成にとっても不可欠な要素である。

　かつて、ファヨールは次のような指摘をした（佐々木恒男訳『産業ならびに一般の管理』73～74ページ）。従業員の「団結は力をつくり出す」「従業員の間の調和・団結は、企業にとっての大きな力である」。したがって、経営者は「従業員を離間させてはならない」。「部下の間に分裂の種を蒔くのには、いかなる才能も必要としない。それは新参者でもできることである」。

　そして、従業員を離間させず団結・結束させるのは、経営者の管理能力だけでなく、労働組合が大きな役割を果たしている点に着目せよ、という。つまり、「団結の力が現れるのは、同一企業の担当者の間にみなぎる調和の好ましい効果によるだけではない。商業的な協定、労働組合あらゆる種類の組合が、事業の経営においてかなりの役割を演じている」。このように、従業員が団結・結束していることは、労働組合の取組の結果にせよ、事業組織の経営にとっても大きな力であり、そのような労働組合の果たしている役割・機能を経営者はマネジメントの際に十分に受止めて考慮せよ、という。

　とすれば、生協理事会には、このような生協労組の「貢献」を十分に考慮して、従業員の団結・結束の力を生協の共通目的の達成過程に統合する組織マネジメント能力が不可欠である。そのためには、生協理事会は生協労組に対する適切なる「誘因の提供」によ

り、継続的に「貢献を獲得」することが求められる。

　換言すれば、生協労使の「相互信頼」の確保・強化が不可欠である。同時に、それは歴史の法則性を見据えた新しいレベルの民主的な労使関係の構築・維持の課題でもあり、生協理事会とともに生協労働組合の組織能力（ソーシャル・スキル）が問われているだろう。

　すでに一部の生協組織では、生協労働組合の代表が生協理事会に出席・参加しているが、先進的な取組であろう。ただし、一般論として労働組合の代表が企業組織の取締役会などに参加する制度は、国際的に見れば珍しいことではない。

●求められる「業務運営の有効性と効率性」ついての正確な理解

　以上の考察で明らかなように、生協の組織活動を存続・発展させるためには、「内部統制の目的」として「基本方針」の冒頭に掲げられている「業務運営の有効性と効率性」（effectiveness and efficiency of operations）が不可欠である。すなわち、生協の共通目的の達成（effectiveness、有効性）とともに、生協の組織成員・貢献者の動機の満足（efficiency、能率・効率性）との統合・一体化であり、換言すれば「外的均衡」の維持・実現である。

　先に見たように、生協の「組織成員・貢献者」とは、出資・購買・参加・参画・販売・労働・供給・融資・支援・協力・賛同・応援・活動・協賛・連携など、さまざまな形で共通目的の達成に「貢献」するすべての個人・機関・団体のことである。それら「自律的な行為主体」の直接・間接の貢献活動なくして、生協の共通目的は達成できず、長期的な存続・発展はない。

　生協の理事会・組織リーダーは、たえず組合員・従業員・子会

社・協力会社・生協労組・債権者・金融機関・地域自治会組織など
さまざまな組織成員・貢献者の欲求・動機・ニーズを事実に即して
識別・評価して、それに適応する誘因（満足・魅力・利益・メリッ
ト）を適切に提供し、貢献意欲・貢献活動を獲得しなければならな
い。行動・活動とは動機満足のプロセスであるから、組織成員の動
機満足なくして共通目的に対する貢献意欲・貢献活動を確保でき
ず、組織活動の共通目的は達成されない。

　仮に組織リーダーが、個々の組織成員の欲求・動機を無視して、
定款・法律・規則を背景に権限至上主義の指示・命令をしても、十
分な貢献意欲・貢献活動を確保・獲得できない。なぜなら、生協の
個々の組織成員・貢献者は、自己の目的・欲求を実現する「自律的
な行為主体」だからであり、「組織成員・貢献者の私的目的（欲求・
動機）」と「組織活動の共通目的」とは完全に一致しているわけで
はない。仮にもし両者が一体化しており、法律・定款・規則の存在
だけで個々の組織成員・貢献者が共通目的の達成に向かって意欲的
に貢献・行動・活動するのであれば、組織リーダーによる組織マネ
ジメントは不要であり、なすべきことは何もない。

　それゆえ、生協経営者の組織マネジメントの大前提は、個々の組
織成員の私的目的（欲求・動機）と組織活動の共通目的との不一致
を一体化することである。換言すれば、経営者の基本的な職務は、
「組織活動の共通目的の達成過程」（有効性）と「組織成員の動機満
足の過程」（効率性・能率）を同時に実現すること、つまり組織活動
の外的均衡を維持することである。それがまた「内部統制の目的」
として「基本方針」の冒頭に挙げられている「effectiveness and
efficiency of operations」「業務運営の有効性と効率性」の意味・内
容である。誤解は速やかに是正されねばならない。

第2部の要約

①経営学は20世紀の初頭に誕生したが、それは営利企業のみならず非営利企業のための知識・知見でもあり、生協の経営者・組織リーダーも学習されねばならない。もはや「経験とカン」の時代は終了している。

②生協組織においては、経営学の視点が極めて脆弱である。組織マネジメントに関する「法律学の視点」は、生協法・定款などに基づく権限・義務・責任などを問題にする。それに対して、「経営学の視点」では「組織と個人」の利害の調整、個人の動機付け、CS、ES、組織の活性化などが問題になる。

③経営学は古典派経営学と現代経営学に大別できる。前者は、テイラーやファヨールなどの議論であり、組織マネジメントは他律人モデルを前提にしたクローズドシステムが措定される。後者は、バーナードやサイモンなどの議論であり、そこでは自律人・自己実現人モデルを前提にしたオープンシステムが措定される。

④現代経営学によれば、組織活動の始動に不可欠な条件は、「伝達・コミュニケーション」「貢献意欲」「共通目的」の3つである（内的均衡）。さらに組織活動の存続・発展には、組織活動の共通目的の達成（有効性）と、組織成員の動機の満足（能率・効率性）が不可欠である（外的均衡）。さらに高邁な組織道徳も必要である。

⑤組織活動の共通目的の達成には組織成員を共通目的の達成過程に動員して貢献活動を確保・強化する。そのためには組織成員に適切なる誘因を提供して貢献を獲得する必要がある。この「誘因と貢献のバランス」をとることが経営者の役割である。

⑥組織成員とは共通目的に対する直接・間接の貢献者のことである。生協組織で言えば、組合員、従業員（パート、アルバイト含む）、関係会社、商品納入業者、取引銀行・債権者などである。これらの貢献活動がなければ生協組織は存続・発展しえない。

第 ❸ 部

生協組織とマネジメント

──いかに激変する環境要因・状況要因に適応・調整して
生協組織の共通目的を達成するのか、個々の人間を大切に
する組織マネジメントを目指して──

---

❶ 生協組織の事業環境

●求められる生協組織の事業イノベーション

　いま、生協の事業経営は極めて厳しい状況・環境のもとにある。少子高齢化・無子高齢化にともない、総人口・労働力人口が減少し、食品消費市場は狭隘化が進行している。しかも、この間の経済の低迷を反映して、多数派の消費生活者の世帯別収入は一貫して減少し、節約志向が強化されて個人消費は冷え込んでいる。その中にあって、スーパー、コンビニ、ネット通販業、ドラッグストアなどの営利企業の生き残り競争が激化しており、その煽りを受けて生協事業は劣勢を余儀なくされている。

　日本生協連の調査（2018年）によれば、生協組合員の多くが営利企業の顧客として奪われており、過半数（約57％）の組合員が生協を「あまり利用しない」「全く利用しない」という深刻な事態になっている。その結果、生協全体の組合数・事業高・店舗数は一貫して減少し、組合員1人当たり利用額も減少している。

　また、生協組織内の構造的な問題として、組合員の高齢化・休眠化・減少化が進行しており、他方において若い世代の組合員が増加する兆しは見られない。仮に、このまま事態が推移すれば、数十年後に組合員は確実に減少し、生協の利用額・供給額・事業高のさらなる減少は避けられない。

　さらに、労働力人口の減少により「人手不足」が深刻化しており、生協の事業を担う人材確保がますます困難になっている。とくに、個配・宅配を担う人材確保は、流通小売業界における生き残り

競争の焦点になっている。

　このような厳しい環境のなかで、生協組織が生き残るには、なによりも「事実を直視しない根拠なき楽観論」とともに、「変革の視点を忘れた悲観論・絶望論」の両者の克服が急務である。

　生協組織内には「経験やカン」「古い考え方」（管理過程論、PDCA論、管理原則論など古典派経営学）の呪縛・拘泥・固執・執着が根強く、そのことが新しい考え方（現代経営学）に基づく組織マネジメントの改革および事業イノベーションを阻害している、と思われる。ここで「現代経営学」とは、バーナードやサイモンの議論をベースにした一連のマネジメント論であり、経営学教科書の主要な内容である。それらは、多くの企業経営者やビジネスパーソン、経営コンサルタント、そして学生・院生などが普通に学習している普通の議論である。

　生協組織が21世紀を生き残るには、事業運営に関する新しい考え方（現代経営学）に基づいて組織マネジメントを改革し、環境変化に適応した新しいビジネスモデルを開発し、事業を抜本的にイノベーションすることが急務だと思われる。

●狭隘化する国内消費市場における流通小売業

　いま、流通小売業を巡る経営環境は厳しさを増している。この間の政府の諸政策の取組にもかかわらず、少子高齢化・無子高齢化の進展に歯止めがかからず、その結果、日本の総人口および労働力人口の絶対数が急速に減少している。総務省「労働力調査年報」（2016年）によると、2016年の労働力人口6,648万人は、50年後の2065年には約4割減少して3,946万人になると予測されている。

　それは同時に、国内消費市場の絶対的な縮小化を意味しており、一時的・部分的なインバウンドによる「売上増」の動きがあるものの、長期的には国内の流通小売業界の経営環境はきわめて厳しくなっている。

　また、この間の停滞する経済活動を反映して、個人消費は一貫して低迷がつづいている。近年の個人消費の低迷は必然である。働く者の約4割が低賃金の非正規雇用であるから、この間に「共働き世帯」が増加したにもかかわらず、1世帯あたりの収入額は一貫して減少しており（厚生労働省「国民生活基礎調査」平成28年）、そのうえ消費税は上り、実質賃金は上がらず、かくして多数派の消費生活者は、生活防衛として消費・出費を切り詰めざるをえない。

　さらに、人口に占める65歳以上の割合（高齢化率）は、年々と増大しており、2065年には約40％になると予測されている（総務省）。高齢化率が高まるに伴い、年金生活者は増加しているが、年金の受給額が「目減り」して購買力が低下する中では、内需が拡大することはない。

　また、この間に年収200万円以下の低所得者層の割合が増加しており（国税庁「民間給与実態統計調査」）、フルタイムで働いても生活保護水準にも満たない収入しか得られない「ワーキングプア」が急増し、約1200万人に達している（厚生労働省「賃金構造基本統計調査」平成29年）。同時に生活保護受給の世帯数・受給者数は増加しており、世帯数は約164万世帯、受給者数は約214万人に達している（厚生労働省）。

　かくして、社会全体の所得格差が広がり、いわゆる「格差社会」となり中間層が消失してしまった。そして、日本は国際的にみると相対的貧困率の高い国の仲間入りをしている（OECD統計）。

　これらの諸結果、国内多数派の消費生活者は、老若男女ともに青息吐息であり、全体として「モノ離れ」が進み、節約志向は強化され、個人消費は低迷している。このような環境の中で、百貨店、総合スーパー、コンビニ、ドラッグストアなど流通小売業の経営は、事業規模の大小に関係なく極めて厳しく、生き残り競争が激化している。そして、狭隘化する日本国内の消費市場を見限り、海外市場に活路を求めて進出した営利企業は少なくない。

●厳しさを増す経済環境と流通小売業界の動向

　百貨店など大規模小売店の業績は、都市部の一部の店舗を除いて一貫して下降気味である。全国の百貨店の売上高は、10 兆円あった 1991 年をピークに低迷が続き、2018 年には 6 兆円弱と半減近くまで縮小している（「朝日新聞」2019 年 10 月 11 日）。もはや、旧来型の百貨店というビジネスモデルは根本的に見直され、「脱百貨店」の方向で大規模店の再編・整理・合併が進行している。とくに、人口減のつづく地方都市での閉店・撤退が顕著である。

　スーパーの全国の売上高も、1997 年の 16.8 兆円をピークに横ばい・下降気味が続いている（前掲「朝日新聞」）。しかし、スーパーの小売業界全体におけるシェアは約半分を占めて圧倒的である。大手スーパーは、消費者行動の多様化するなかで個配・宅配を前提にしたネット通販業（ネットスーパー）に参入しており、その利便性が支持されて、この部門は急成長している。また高齢者など買物困難者のために、軽トラックなどの移動販売車による営業活動の取組みをしている。少なくない大規模小売業（大企業）は、国内市場を見限り、海外市場に活路を見出して、東南アジアや中国などに多数

進出している。

　食品スーパーおよび家電・衣料・住居用品などの専門量販店をコンプレックスした大規模ショッピングセンターは堅調であるが、その煽りをくった小規模小売業・商店は苦境に立たされ、とくに地方商店街はシャッター街に変貌している。この動向は、都市と地方との経済格差・地域格差の広がりを象徴している。

　巨大な駐車場を備えた郊外型大規模ショッピングセンターは、自家用車での来店を前提にした広域商圏対応のビジネスモデルではあるが、若者のクルマ離れが進み、また社会全体の高齢化が進んでクルマ利用者の絶対数が減少すれば、遠からず限界に直面して再検討は必至であろう。

　コンビニは、この間に急成長し売上高は増加しているが、店舗数はすでに飽和感があり、業界全体としては大きな岐路にたっている。一部では「不採算店約1000店の閉鎖・移転」を決めている。国内フランチャイズ店では、オーナーの高齢化および人手不足などで担い手は厳しい状況にあり、24時間営業のビジネスモデルが再検討され、一部では「脱24時間」「時短営業」を実行している。また人手不足を克服するために、セルフレジなど省力化・機械化の検討が進展している。実験段階ではあるが顔認証決済による無人コンビニも登場している。また一部のコンビニは地域社会に深く根差す戦略で活路を見出し、買物困難者や高齢者のために軽トラックを利用した個人宅配や移動販売の取組を進めている。コンビニ業界全体としては、近年のネット通販業やドラッグストアの急成長の煽りを受けるなかで、トップ3社の寡占化が進んでいる。

　この間にドラッグストアが急成長して店舗数も増加している。品揃えの拡張により医薬品・化粧品・日用品にとどまらず、すでに食

品供給にも参入しており、食品が販売総額の約 3 割を占めるに至っている。そのために、コンビニやスーパーとの競争・競合が激化しているが、低価格戦略（安値攻勢）が功を奏して小売業界でのシェアを拡大しつつある。

　流通小売業の中でも、ネット通信販売業（ネットスーパー）は、圧倒的な品揃えを前提にして、自宅に居ながら商品を注文・決済・受領のできる利便性が支持され、この間に大きく伸びている。それは大別すると、既存スーパーの店舗型ネット通販業と配送センター利用の無店舗型ネット通販業とに区別されるが、いずれも急成長している。

　総務省「家計消費状況調査」によれば、「インターネットを通じて注文した世帯当たりの支出額」は、2003 年に 19,557 円そして 2015 年には 31,310 円へと増加の一途である。また、「インターネットを通じて注文をした世帯の割合」も同じ時期に 7.3 ％から 27.6 ％へと大きく伸張している。経済産業省の統計によれば、個人向けネット通販の市場規模は、2018 年には 17.9 兆円に達するという（前掲「朝日新聞」）。

　とくに、大規模な無店舗型ネット通販業は、「圧倒的な品揃え」「大規模な即日配送システム」「冷凍保存技術の高度化」などを武器にして急成長している。その結果、多数の小売業を圧迫する「アマゾン・エフェクト」と呼ばれる事態を引き起こしている。生協の一部には、この動向を直視しない「根拠なき楽観論」が見られるが、決して侮れる状況ではない。

　以上のように、流通小売業界では、少子高齢化・無子高齢化の進展、総人口・労働力人口の減少、国内消費市場の縮小、経済的な格差構造の拡大、相対的貧困率の上昇、都市と地方の格差拡大などの動向と関連して、生き残り競争は激化しており、組織規模の大小に

かかわらず厳しい状況に置かれている。

　ここでも、すでに「大企業神話」は崩壊しており「小売業世界最大手のウォルマート社（アメリカ）が、傘下の国内スーパー大手の西友の売却を検討している」（「毎日新聞」2018年7月12日）という。厳しい経済環境のなかで、国内の流通小売業界では、IT化・AI化による業務イノベーション・事業再構築をテコにして大規模な整理・統合・淘汰など業界再編成が必至であろう。

● 減少する生協の組合数・店舗数・事業高

　非営利の生協組織を、営利組織の流通小売業と同一視することはできないが、労働力市場や消費市場の縮小化など事業展開を巡る国内の経済環境は基本的には共通している。生協の総事業高が、小売業界総売上高に占める比率は2〜3％程度にすぎないが（経済産業省「商業統計表」）、厳しい環境・条件のなかで食品供給をメインにする生協事業の全体は、ますます劣勢を余儀なくされている。

　とくに、少子高齢化の進展と総人口の絶対的減少は、食品需要の絶対的な縮小に直結しており、この縮小化しているパイを巡ってスーパーやドラッグストア、コンビニなどの営利企業が死活の競争をしている。そこで展開される差別化戦略、同質化戦略、低価格戦略などの煽りをまともに受けて、生協事業の運営は厳しい状況下におかれている。

　この間に生協全体の「組合数」「店舗数」「総事業高」さらに「1人当たり1カ月の利用額」は、いずれも一貫して減少している（厚生労働省「消費生活協同組合（連合会）実態調査」）。生協の事業モデルは「店舗事業」「班配送事業（共同購入）」「個人宅配送事業（個

配）」に大別されるが、「この 3 つのいずれもが行き詰まっていると
いうのが今日の実態ではないだろうか」（「農業協同組合新聞」2010
年 7 月 15 日）という指摘もされている。

　生協の総事業高が減少する基礎には、なによりも個々の組合員の
生協利用額の減少がある。日本生協連の調査によれば、組合員の
「1 人当たり 1 カ月の利用総額」の推移は、この間に一貫して減少
しており、歯止めがかかっていない。2000 年度には 15,073 円で
あったが、2005 年度には 13,246 円、2009 年度には 12,024 円、2015
年度には 10,909 円、そして 2017 年度には 10,797 円へと、大きく落
ち込んでいる。

　組合員の生協利用額が減少する一因は、スーパーなど生協以外で
購入する組合員が増加していることにある。つまり、生協組合員の
多くが、スーパーなどの営利企業に顧客として奪われていることに
ある。

　日本生協連の調査によれば、組合員の「食品の総購入額に占める
生協での購入額」は、この間に一貫して減少している。購入先は
「生協が多い」という回答は、2009 年には 21.9 ％であったが、2018
年には 18.1 ％にまで低下している。逆に購入先は「生協以外が多
い」という回答は、2009 年には 43.4 ％であったが、2018 年には
45.7 ％に上昇している。さらに「生協は利用していない」という回
答が、同期間に 6.1 ％から 11.5 ％へと約 2 倍になっている。

　ここで特に注目されるべきは、購入先は「生協以外が多い」
（45.7 ％）および「生協は利用していない」（11.5 ％）とする組合員
が、現状では合わせて全体の実に過半数（57.2 ％）を占めており、
しかもこの間に一貫して増加していることである（日本生協連『2018
年度全国生協組合員意識調査報告書・概要版』9 ページ）。このような

事態は、ひとえに生協の食品供給事業が個々の組合員のニーズに十分に応えていないことの証左である。

　日本生協連の「店舗事業の満足度」調査によれば、「扱っている食品の安全性」（6.14 点）に関する組合員の満足度は高いが、それに比較すると「商品の価格」（1.35 点）および「生協についての情報の得やすさ」（1.42 点）に関する満足度については、極端に低いことが報告されている。

　また「宅配事業の満足度」調査では、「商品が配送される便利さ」（7.06 点）、「扱っている食品の安全性」（6.28 点）に関する満足度は高いが、それに比較すると、ここでも「商品の価格」（1.56 点）および「生協についての情報の得やすさ」（2.73 点）に関する満足度については、極端に低くなっている（日本生協連『2018 年度全国生協組合員意識調査報告書・概要版』26 〜 27 ページ）。

　このように、生協組合員は「食品の安全性」には満足できるが、「生協商品の価格」や「生協情報の入手」に関してはほとんど満足できていない。その結果、生協組合員の全体の過半数（57.2 ％）が、低価格の商品を求めて生協以外の営利企業で購入することになる。つまり、生協が営利企業の低価格戦略に太刀打ちできておらず、組合員の過半数が営利企業の顧客として奪われている。

　これでは、組合員 1 人当たりの生協利用額が減少するのも、生協全体の事業高・組合数・店舗数などが減少するのも当然と言うしかない。その結果として、食品小売市場における生協のシェアはますます縮小化する。

　流通経済研究所の調査によれば、2015 年現在の「食品小売業市場に占める業態別シェア」は、全国平均でみると、スーパーが約 50 ％、コンビニ（CVS）が約 17 ％、そしてドラッグストア（DGS）

が約 3 ％、ネット通販業（EC）が約 3 ％、生協宅配が約 3 ％、その他が 24 ％であった。

　このシェアが、2025 年ごろまでに大きく変わるという。すなわちスーパーは約 54 ％に、そしてコンビニは約 21 ％に、それぞれシェアを拡大すると予測されているが、生協については、ドラッグストアやネット通販業の双方に抜かれて、シェアがさらに縮小すると予測されている（加藤弘貴・木島豊希「小売業態構造の現状分析と将来予測──食品小売市場を中心として──」『流通情報』2017 年 5 月）。

●深刻化する組合員の高齢化・休眠化・減少化

　生協事業が劣勢を余儀なくされている組織内部の構造的な原因は組合員の高齢化にある。すなわち、これまで「生協を支えてきた団塊の世代が高齢化して購買力が低下する一方、若い世代の新規加入が進まないため」である（「朝日新聞」2018 年 6 月 29 日）。つまり、若い世代の組合員が増加せず、全体として組合員が高齢化・休眠化・減少化していることが、生協全体の総事業高が減少する内部構造的な原因である。

　日本生協連の調査によれば、生協組合員の平均年齢は一貫して上昇している。2012 年調査では 52.7 歳、2015 年調査では 55.9 歳、そして 2018 年調査では 57.3 歳へと上昇しており、この間に生協組合員の高齢化が着実に進んでいる。

　また、2018 年現在の生協組合員の年齢別構成を見ると、20 代以下は 1.2 ％、30 代は 9.8 ％、40 代は 20.3 ％、50 代は 20.0 ％、60 代は 23.6 ％、70 代は 15.8 ％、80 代は 5.3 ％である（無回答 4.0 ％）。つまり、50 〜 80 歳代の高齢化した組合員が圧倒的多数派の 64.7 ％

を占めており、他方で 20 ～ 30 代の若い組合員の比率は実に 11 ％
程度に過ぎない（日本生協連『2018 年度全国生協組合員意識調査報告
書・概要版』5 ページ）。ちなみに、K 生協の事例で見ると、40 ～ 60
代が約 60 ％、70 代が 26.7 ％であるが、若い世代の 20 ～ 30 代は約
10 ％程度である（K 生協「第 10 次中期計画」「資料：No. 38」）。

　このように、「20 ～ 30 代の若い世代の組合員は全体の約 10 ％程
度」、そして「50 ～ 80 歳代の高齢化した組合員が圧倒的多数派」
を占めるという状況が、仮にそのまま推移すれば、数十年後に生協
組合員の絶対数が大幅に減少することは避けられない。K 生協の場
合は、2015 年現在の組合員 512,974 人は、2045 年には最悪の場合
に 336,462 人にまで減少すると推計している（同「資料：No. 41」）。
このように組合員の高齢化の進展は、必然的に組合員の絶対数を大
幅に減少させる。

　しかも、その数字には生協を利用しない「休眠化した組合員」が
含まれるので、現実の事態は数字が示す以上に深刻である。先に見
たように食品購入先は「生協以外が多い」「生協は利用していない」
組合員が半数以上（57.2 ％）を占めており一貫して増加している
（日本生協連『2018 年度全国生協組合員意識調査報告書・概要版』）の
で、その動向は見落とせない。

　ちなみに、K 生協の場合（2018 年 3 月現在）は、「生協を利用し
ていない組合員」が全組合員 539,135 人のうち実に 39.5 ％（実数
213,182 人）を占めるが、組合員の約 4 割が組合事業を「利用して
いない」事態は深刻と言うしかない。

　このように、組合員の「高齢化」とともに「休眠化」も着実に進
展しており、しかもその傾向がますます強まっているので、生協全
体の総事業高（利用額・供給額）が大幅減少することは必至である。

この傾向は、全国の生協組織に共通する状況である。したがって、時おり組織内部から聞こえてくる「生協の未来が見えない」「展望がない」などの発言は、必ずしも根拠なきことではないのであろう。

● 深刻化する若い世代の組合員の減少

　生協組合員の高齢化が進み、「50 〜 80 代の高齢化した組合員が圧倒的多数派」を占め、他方において「20 〜 30 代の若い世代の組合員は約 10 ％程度」という状況は、将来の組合員の大幅減少とともに総事業高の大幅減少の必然化を意味しており、生協組織の存続にとって極めて深刻な事態である。

　現状では、若い世代の組合員が増加する兆しは、どこにも見られない。この間、20 〜 30 代の若い世代の生協加入率は一貫して低下しており、歯止めがかかっていない。日本生協連の調査によれば、29 歳以下の若い世代（20 代）の組合員の比率は、1994 年でも組合員全体の 7 ％という低さであったが、それが約 20 年後の 2015 年には実に 1.8 ％までに低下している。そして、2018 年には 1.2 ％にまで低下しており、もはや 1 ％を切るのも時間の問題である（日本生協連『2018 年度全国生協組合員意識調査報告書・概要版』5 ページ）。

　この根底には、もちろん社会全体の少子高齢化・無子高齢化による若年層の減少という現実があるが、それ以上に若年層の組織率（生協加入率）が低下していることが原因である（近本聡子「分析レポート：なぜ若い消費者・組合員に注目が集まるのか」2017 年 11 月、生協総合研究所 H P）。

　若い世代の生協加入率が伸張しない原因としては、生協に関する若い世代の認知度が極めて低いという事実もある。日本生協連によ

る「生協を利用していない一般消費者」を対象にした「生協の認知度」調査によれば、20〜30代の若い世代では、生協を「まったく知らない」（20代10.4％、30代12.1％）「名前ぐらいは知っている、聞いたことがある」（20代40.0％、30代37.9％）との回答を合わせると実に半数を占めている。つまり、20〜30代の若い一般消費者の約半数は、生協のことをほとんど（まったく）何も知らない、というのが現実である（日本生協連『2018年度全国生協組合員意識調査報告書・概要版』31ページ）。

また生協総合研究所「生協宅配の認知率」調査によれば、生協宅配を「よく知っている」「少し知っている」の回答は、20代では47.8％、30代では50.5％である。つまり、裏を返して言えば、20〜30代の若い世代の約半数は「生協宅配のことを知らない」というのが現実である（宮崎達郎「分析レポート：若年層が生協宅配を知ったきっかけとは？」2017年10月、生協総合研究所ＨＰ）。

このように、20〜30代の若い世代の約半数が生協のことをほとんど（まったく）知らないのでは、生協に加入・利用する意欲も起きないし、生協で働く気持にもならないであろう。生協が、組織として長期的に存続するためには、なによりも若い世代のニーズに応える格別の取組・改革・イノベーションを断行して、生協をよく知られた魅力ある事業組織として再構築することが不可欠であろう。

ともあれ、20〜30代の若い世代の組合員および従業員を長期安定的に確保できなければ、もはや生協事業の存続・発展はない。「生協の未来を担う人材の確保と育成」は「全国の生協が力をあわせて取り組む重点課題」の一つである（日本生協連「2020年ビジョン第2期中期方針」）。

この点に関して、これまで「生協は自らの組合員を育て増やすこ

とに努力してきたのか。単なる小売業の一形態として大型量販店との同質化競争に血道をあげてこなかったか」（野見山敏雄「生協に人づくりができるか」『農業経済』Vol.14、39ページ）との指摘もある。

●求められる生協店舗の新しいコンセプト

いま生協事業を巡る状況として、「若い世代の新規加入率の低下」「組合員の高齢化の進展と購買力の低下」「生協以外で買物する組合員の増加」「生協をまったく利用しない組合員の増加」「組合員1人当たり生協利用額の減少」などが進行しており、これでは総事業高の減少は当然である。

なかでも、「店舗事業」および「班配送事業（共同購入）」の事業高は、この間に一貫して減少しており、逆に「個配事業（個人宅配送）」の事業高は相対的に増加している（厚生労働省「消費生活協同組合（連合会）実態調査」）。つまり、近年において共働き世帯が増加して組合員のライフスタイル・消費行動も多様化しているが、自宅にて商品を注文・決済・入手できる「個配事業」は、その利便性が支持されて事業高が増加している。

「個配事業」の事業高は、2007年の1,326億円から2016年の2,698億円へと約2倍に増加している（日本生協連調査）。これは組合員1人当たりの生協利用額が絶対的に減少する中での相対的・部分的な「増加」ではあるが、その分だけ「店舗事業」「班配送事業（共同購入）」の利用額は減少している。

生協店舗の利用額の減少に拍車をかけるのが、大規模ネット通販業、スーパー、コンビニ、ドラッグストアなど営利企業の攻撃戦略・同質化戦略・差別化戦略・低価格戦略の展開である。これらの

戦略により生協事業は劣勢を余儀なくされている。とくに大手スーパーは同質化戦略として個配・宅配を前提にしたネット通販業にも参入しており、もはや生協の個配・宅配の独自性・優位性は崩壊している。そのうえ、スーパーなど営利企業の低価格戦略の攻勢を受けて、多くの組合員が生協以外で購入している。

先に見たように、日本生協連「店舗事業の満足度」調査によれば、「商品の価格」についての組合員の満足度がきわめて低いと報告されている。そのために生協組合員の全体の半数以上（57.2％）が、購入先は「生協以外が多い」「生協は利用しない」のであり、またそのような組合員が一貫して増加している。組合員の過半数が生協を利用しないとすれば、組合員１人当たりの生協利用額は減少し、ひいては生協全体の組合数・事業高・店舗数が減少するのも当然であろう。

したがって、生協の「店舗事業」が生き残るには、なによりも若い世代の多様化した生活ニーズに応えるモノ・サービス・情報の提供、および多種多様なニーズに応える魅力的な店舗づくりが不可欠であろう。生協は、組織化された組合員というニッチ市場に適応する事業戦略を展開するしかないが、とりわけ若い世代の消費行動の変化や生活ニーズの多様化を調査・識別・評価して、それに適応するモノ・サービス・情報を提供する店舗のあり方・事業コンセプトに根本的に変更するしかない。

もはや生協店舗は、単に食品というモノを提供するだけの場ではなくて、若い世代の組合員が日常的に抱える育児・保育・教育・転居・転職・税金・介護・葬儀・相続・健康・修繕・修理・防災など多様化した生活ニーズを解決・充足する「生協型コンビニ」という店舗コンセプトが不可欠であろう。そして、生協ならではの独自の

価値をもつ差別化したモノ・サービス・情報の提供をして、とりわけ若い世代の組合員の日常生活を総合的にサポートする拠点に進化すべきであろう。

　生協店舗は、食品売り場だけではなく各種相談カウンターやイートインコーナーはもちろん、組合員の相互交流の場、地域住民の交流の場、子供を預かる場、趣味の集いの場、高齢者の集う場、学習会・研修会の場などを確保・付設して、店内レイアウトを大幅に変更する必要がある。いま、このような新しいコンセプト・概念に基づく店舗づくりは、すでに少なくない生協組織では具体的に取組が進行している（『激流』2017年11月号）。

●地域社会に根差した「生協型ソーシャルビジネス」の可能性

　生協を巡る状況として、「総人口・労働力人口の減少化」「食品消費市場の縮小化」「組合員の高齢化・休眠化・減少化」「人手不足の深刻化」「大規模ネット通販業の急成長」という環境の中で生き残るには、もはやスーパーなど大規模営利企業の「模倣」「追随」「同質化」の事業戦略は基本的に無意味である。

　また、従来のように、人口増加・需要増加を暗黙の前提にした「成長」「拡大」「拡張」志向の事業戦略も無意味である。もはや「規模の経済」の有効性は、国境を無視できる大規模営利企業のみであろう。「競争が激化する中で、経営力が伴わないまま、力量以上に店舗事業を展開したり、事業の多角化を進めたことなどから、事業が行き詰まる生協も出てきている」（厚生労働省審議会「今後の生協のあり方について」）。

　とすれば、生協事業が生き残るには、営利企業が「模倣」「同質

化」することのできない、独自の差別化された「生協型ニッチ戦略」を展開するしかない。つまり、地域社会に深く根差した組織化された組合員というニッチ市場において、生協ならではの差別化されたビジネスモデルのもとで、生協独自の価値をもつ差別化されたモノ・サービス・情報の提供に集中し、非営利の組合組織として長期安定的に収益を確保する戦略である。

　とくに生協組織が、自主的・民主的な組織であるという強み・特徴を活かし、個々の組合員の自主性・自律性に依拠するのみならず、地域住民の自治会組織や自治体行政組織など幅広く地域社会との協力・協働・連携を強化して、地域住民のニーズ・地域社会の課題に応える新しいビジネスモデルを開発・実行するしかない。すなわち、地域住民の多様な生活ニーズおよび地域社会の抱える社会的課題を、地域生協が事業としての収益性を確保しつつ、地域住民・地域社会と一体となって解決する「生協型ソーシャルビジネスの展開」が期待される。

　そこでは事業の社会性と収益性との同時的実現が原則であるが、この視点から地域の買物困難者問題の解決に成功した生協組織の事例もある。もっとも、スーパーやコンビニなどの営利企業は、すでに買物困難者・弱者に対して、軽トラックなどの移動販売車によるきめ細かいサービスの提供を強めている。

　地域生協もまた移動販売車の事業を強化しているが、この分野にさらに多数の営利企業が参入して競争が激化すれば、生協事業はさらに圧迫される。現状では「コープさっぽろ」「福井県民生協」など一部を除いて赤字とされるが、いかに事業の社会性と収益性とのバランスをとるかが課題である。

　これからの地域生協は、単に組合員の「買物問題」を解決するだ

けではなく、地域住民の多様化した生活ニーズなど幅広く地域社会の抱える課題を解決するための地域づくり・地域活性化と連携した取組・運動が不可欠になる。

　生協は「その規模や力量に応じた地域社会への貢献が強く求められており、地場産業との協力による商品開発や地域の中小小売業者との協力により地元商店街の活性化を図るなど地域における調和ある発展に努めていくことが期待される」（厚生労働省審議会「今後の生協のあり方について」）であろう。

　なぜなら、現在の買物「困難者」が、やがて「要介護者」「施設生活者」に移行し、総人口の減少と相まって「困難者」そのものが「減少」すれば、もはや「ニッチ市場」そのものも大幅縮小して、移動販売車事業も「限界」に直面する。

　さらに、「過疎地域そのもの」「限界集落そのもの」が「消滅」すれば、それは「ニッチ市場」の「消滅」を意味しており、すでに一部の地域生協では、移動販売車事業の部分的な「撤退」を開始している。

　とすれば、地域生協の事業・活動・取組は、地域住民の生活ニーズを充足しつつ、住民の自主性・自律性を育み組織化して、地域社会の活性化（地域創生活動など）や民主主義を成熟させる諸活動・運動と合流することが不可欠である。「安心してくらせる地域社会づくりへの参加」は「全国の生協が力をあわせて取り組む重点課題である」（日本生協連「2020 年ビジョン第 2 期中期方針」）。

　そこに、これからの地域生協の事業活動と連携した地域創生・地域活性化の新しい地平が開くかもしれない。地域生協の店舗は、そのための拠点になるかもしれない。いま、新しいタイプの自覚的な組合員が求められているのであろう。

② 生協組織とマニュアル人間

●作業マニュアルとは人間行動を外発的に規制するもの

しばしば外食店などで経験することだが、店に入るとすぐに、ア
ルバイトの女子高生が、カウンター越しに「いらっしゃいませ〜」
「何にいたしましょうか」と黄色い声を張り上げる。メニュー表を
見て食べ物を注文すると、必ずその直後に、すかさず「お飲み物は
何になさいますか」とたたみかけてくる。同じ系列の店なら、顧客
が誰であろうとも、いつでも、どこでも、同じセリフが繰り返され
るが、すべてマニュアル規程どおりの無機質なセリフである。

もちろん顧客の側は、無言で応対されるよりはマシであるが、そ
れにしても「シナリオのセリフ」しか言わず、「余計」な会話をし
ない機械的な応対も不自然である。また店の奥から姿も見せず「い
らっしゃいませ〜」の声のみ聞こえてくるときもある。その種の発
声は、店内の「賑わい」作りには役立つかもしれないが、そこに心
の通わぬ空虚さを感じるのは、筆者のみではあるまい。もっと自分
の目で店内の空気を読み、自分のアタマで状況判断し、自分のコト
バを使って、自律的に行動できないものか、と空しくなる。

もっとも店側の事情として、「いつ辞めるか分からぬアルバイト
の女子高生」を雇用するには、教育訓練する費用もかけたくないの
で、決められたセリフを機械的に反復させるマニュアル規程は不可
欠なのであろう。おそらく「標準化した作業手順を明確にしてお
き、その通りのことをアルバイトにやらせれば、いつでも、誰で
も、同じレベルの作業ができるし、また作業ミスも回避できる」と

考えたのであろう。

　つまり、これは経営者の構想した作業の手順・方法を、その通り
に現場の労働者に実行させる「構想と実行の分離」のマネジメント
であり、それが「効果」を発揮するのは、従業員の自律度・成熟度
が低く、定着率の悪い職場だけであろう。

●他律人モデルを前提にした「構想と実行の分離」のマネジメント

　「構想と実行の分離」のマネジメントでは、作業の手順・方法に
ついては、経営者の側が判断して決め、現場の従業員・労働者には
決められたマニュアル規程どおりに、身体・手足を動かすことを要
求する。仮に作業マニュアルに問題があっても、現場の労働者・従
業員は何も言えないし、言わない。そこで前提にされている人間
は、「余計なことはするな」「言われたとおりにせよ」と上司の指
示・命令どおりに行動・活動する「他律人モデル・機械人モデル」
（他律的な行為主体）である。

　それは、1900年代初頭のテイラー（F.W. Taylor）の古典派経営
学（伝統学派）の世界である。テイラーの考案した「作業指図票」
では、経営者の決めた具体的な作業の手順・速度・道具などを詳細
に記入しており、現場の労働者には何も考えさせず、ただ指図票が
指示する内容通りに身体・手足を動かすことを要求した。労働者に
対する動機づけは、おもに金銭・賃金で行い、経営者の決めた作業
量（課業）の達成に向けて労働者を駆り立てた。

　しかし、このような他律人モデルを前提にした「構想と実行の分
離」のマネジメントでは、労働者・従業員の職務満足が生まれず、
経営者たちの意図に反して、必ずしも組織全体の生産性は向上しな

いことが露呈した。かくして、経営者たちは新しいマネジメント手法の開発に着手したのである。

1930年代になり、メイヨー（E. Mayo）やレスリスバーガー（F. Roethlisberger）などから、ホーソン実験など一連の心理学的な調査研究を通じて、働く側の気分・感情を重視・包摂した新しいマネジメントの考え方が提起された。すなわち、関係欲求・社会的欲求に動機づけられる社会人モデル（集団人モデル）を前提にして、集団に作用する気分・感情を利用し、組織成員の貢献意欲・貢献活動を確保・強化しようとする人間行動学派の議論（人間関係論、新古典派経営学）である。

そして、この理論にもとづいて労働者・従業員の「帰属感」「一体感」「参加感」などの醸成・強化を意図した各種の管理方式（H.R.）が開発・考案され、広く普及した。たとえば、提案制度、人事相談制度、青年重役会、社内報、パブリック・リレイションズ（PR活動）などが、その典型例である。

●自己実現人モデルを前提にした「構想と実行の統一」の マネジメント

現代では、古典派経営学などの考え方は基本的に克服・止揚されており、バーナード（C.I. Barnard）やサイモン（H.A. Simon）の議論を主内容とする現代経営学（現代組織論）が普及・定着している。そして、その議論をベースにして、多くの組織体において、組織の共通目的の達成過程（貢献活動）が、同時に個々の組織成員の動機満足の過程になる組織マネジメントを追求・展開している。

ここで前提にされている組織の中の人間（組織成員）は、自由意思をもち自己の選択力を行使して自律的に行動する自律人モデルで

ある。とくに現代では、自己実現欲求（成長欲求）に強く動機づけ
られる自己実現人モデルを重視している。この人間モデル（自律的
な行為主体）を前提にすれば、共通目的の達成過程（貢献活動）に
おいては、「自分で考えろ」「自分で判断せよ」「自己管理せよ」と、
彼らの自律性・主体性・自発性に依拠した方が、はるかに貢献意欲
は高揚して、組織全体の生産性は向上する。

　かくして、現代経営学をベースにした「構想と実行の統一」のマ
ネジメントが広く社会的に普及する。つまり、組織を構成する個々
人は、信頼と尊敬のある組織風土の中で、自分で自分を統制できる
ので組織の共通目的の達成過程（貢献活動）が、同時に個々人の自
己実現欲求（成長欲求）の充足過程になる仕組が開発された。

　そして、「職務充実」「職務拡大」「職務交換」「目標による管理
（MBO）」「小集団管理」「カイゼン活動」「QCサークル活動」「全員
参加型経営」「逆ピラミッド型組織」「学習する組織」などの考え
方・制度・システムが広く登場・普及している。

　ここでは、全体主義・画一主義・集団主義に基づくトップダウン
のマネジメントではなくて、多様な個々人を重視・尊重・信頼する
「ボトムアップのマネジメント」「人間を大切にするマネジメント」
「人間の成長をサポートするマネジメント」を追求している。

　21世紀の現代社会において、いまだに他律人モデル（他律的な行
為主体）を前提にして、「現場の労働者・従業員に、何をどうすれ
ばいいのか、コト細かな指示・指図をして働かせる」考え方（古典
派経営学）、すなわち「構想と実行の分離」のマネジメントを展開
する生協組織があるとすれば、そこでは、「自律度・成熟度の低い
従業員」「従業員満足度の低い職場」が再生産され、組合員満足度
の向上もままならぬことであろう。

❸ 生協組織とPDCAサイクル

●PDCAサイクル論は古典派経営学の典型例である

　いま、一部の生協組織において「PDCAサイクル論」がもてはやされており、一部の人々は、それが現代の最新のマネジメント論だと「勘違い」しているように思われる。

　その背景には、ISOの品質認証の審査の際に「PDCAサイクル経営をしているか否か」が判断基準のひとつにされ、それに関連する各種の発言があるからだろう。

　しかし、この「PDCAサイクル論」は、歴史を振り返れば管理過程学派とも呼ばれる伝統的な「古典派経営学」にルーツがあり、その基本的な内容は、いまから約100年前のファヨールの主著『産業ならびに一般の管理』（1917年）に求められる。

　同書によれば、「経営」とは、以下のような6つの活動から構成される、という。すなわち、①技術的活動（生産・製造・加工）、②商業的活動（購入・販売・交換）、③財務的活動（資本の調達と管理）、④保全的活動（財産と従業員の保護）、⑤会計的活動（財産目録・貸借対照表・原価・統計）、⑥管理的活動（計画・組織化・命令・調整・統制）である。

　このように、「管理」の活動とは「経営」を構成する一つの職能であり、それは計画・組織化・命令・調整・統制という循環的な職能（管理過程）から構成される、という。

　この議論では、暗黙の前提として、管理的活動（管理過程）が環境要因・状況要因とは切り離された閉鎖的な組織内の内向きの職能

として位置づけられている。つまり、計画・組織化・命令・調整・統制の各職能と環境要因・状況要因との関係性は断絶されている。

　また、そこでは従業員や顧客・消費者などは、没主体的・他律的な行為主体（他律人モデル）として措定され、組織目的の達成のための道具・手段とされるので、循環的な管理職能（管理過程）で業務遂行すれば、自ずと経営者の意図する「成果」が生まれることが当然視されている。

　このようなファヨールの議論は、テイラーの議論とともに、古典派経営学の典型例・代表例である。ファヨールの管理過程論は、その後 1930 ～ 50 年代において、ジュラン、シュハート、そしてデミングらによって統計的品質管理の手法が開発される際に、管理過程が Plan-Do-Check-Action に再整理された。したがって、「PDCA サイクル」のことを「デミング・サイクル」と呼ぶ人もいる。

　ここで、Plan は計画予測、Do は実施実行、Check は点検評価、Action は是正措置とされる。これらの管理職能のサイクル（管理過程）を、Plan-Do-Check-Action の順に循環的に「回して」業務を遂行すれば、「成果」が生まれる、という。これが、PDCA サイクル論であるが、この議論の欠陥・限界は、すでに広く露呈されている。

　現代では、バーナードやサイモンなどの現代経営学の登場により、ファヨールなどの古典派経営学の欠陥・限界は理論的に明確にされ、またビジネス界の実践においても基本的に克服・止揚されている。さらに、大学や大学院における経営学教科書にも、履修カリキュラムにおいても、いまや PDCA サイクル論（「管理過程論」「管理原則論」）など古典派経営学についての記述・講義は、基本的に消失している、と言ってよい。

●PDCAサイクル論の致命的な欠陥とは何か

　PDCAサイクル論は、環境要因とは断絶・遮断・隔離された閉鎖的な組織内部の管理サイクル（管理過程）を暗黙の前提にして、それを「回す」ことで、自己完結的に「業績」「成果」が生まれる、というロジックである。

　ここでは、従業員、顧客・消費者などは他律的な行為主体として把握され、組織目的の達成のための道具・手段にされている。したがって、経営者が構想した計画（Plan）は、指示命令すれば従業員・労働者が牛馬のように業務（生産・販売・配送・事務などの仕事・職務）を実行・遂行（Do）するし、また生産した製品・商品は消費市場に出せば顧客・消費者が自ずと購入することが当然視されている。あとは、評価点検（Check）、是正措置（Action）をとり、全体業務を管理サイクル（管理過程）で「回す」という。

　ここでは、従業員や顧客の欲求・ニーズ・動機については視野になく、環境適応して目的を達成する発想もない。つまり、内向きの自己完結な管理サイクルを「回せば」、経営者の計画した業務は遂行され、自ずと一定の「成果」が生まれることが当然の前提になっている。ここから、従業員にトップダウンで数値目標を割当て配分して、成果主義で駆り立てる発想が生まれる。

　この種の議論の適応範囲はきわめて狭く限定される。この議論は、個人事業主のように、自己の内面にPDCA職能が一体化している自己管理の労働・業務・作業・仕事においては役立つかもしれない。そこでは、自分で計画（Plan）し、自分で業務遂行（Do）し、自分で成果をあげ、自分で評価点検（Check）し、自分で是正措置

（Action）をとるからである。つまり「業務の範囲」も「業務遂行の時間」も、すべて自分で把握し、自己管理できるからである。

　また同様に、閉ざされた組織内部の少人数の定型的業務においては役立つかもしれない。たとえば、自己完結的な限定された生産工程では、決まりきった明確な業務をルーチンワークとして機械的に処理・作業すればいいからである。それゆえに、現場の品質管理の作業工程において、しばしば、PDCA サイクル論が残存するのも根拠なきことではない。

　しかし、PDCA サイクル論の適応範囲を間違えて、グローバルな活動をする大規模組織において、「わが社は業務全体を PDCA サイクルで回す」などと言い出せば、末端の組織現場からは「PDCA サイクルを回せというトップの指示の意味が理解できない」「どうしたらサイクルを回したことになるのか」と、すぐに苦情・混乱が出るであろう。そもそも大規模組織の業務全体を PDCA サイクルで「回す」という発想には多くの無理がある。

　なぜなら、大規模組織では PDCA の各管理の職能自体（管理過程）が、分業に基づく協業にて組織的に行われるので、個人事業主の自己完結的な作業・労働のようにはいかない。つまり、大規模組織では計画（Plan）や具体的な業務（生産・販売・配送・事務など）の遂行（Do）も、異なる行為主体の分業に基づく協業で組織的に遂行され、しかも環境変化・状況変化に絶えず適応しながら遂行している。

　仮に全体業務を PDCA サイクルで「回す」にしても、「業務の範囲」「業務の遂行時間」も明確に限定できなければ、何をどの時点でどれだけ「回す」のか、誰も理解できない。仮に「無理矢理に」期日内に「成果」の評価・点検（Check）をしたことにすれば、「つじつま合わせ」の報告文書（作文）を提出するしかない。もはや

「無内容・無意味な管理サイクル」と言うしかない。いわんや、現場組織における具体的な行動目標や数値目標を、トップダウンで機械的に割り当てるような組織では、PDCAサイクルはただ「空回りしている」「回したことにしている」となる。

PDCAサイクル論は、大規模組織のように全体の業務遂行が大規模な分業に基づく協業で担われ、また激変する環境要因・状況要因にたえず適応して目的・手段の選択（戦略的な意思決定）をする場面においては、まったく無力である。ともあれ、大規模組織の業務全体をPDCAサイクルで「回す」という議論には無理がある。

●求められるPDCAサイクル論の呪縛からの解放

古典派経営学に共通することであるが、PDCAサイクル論では、暗黙の前提として、管理過程がどこまでも組織内部の閉ざされた職能として位置づけられており、ここには環境要因に適応・調整して共通目的を達成するという動態的な発想（外的均衡）はない。

そこでは、従業員は経営者の指示・命令通りに機械的に動くことが、暗黙の前提であり、仮に指示通りに動かなければ、「強制」「脅迫」して動かすことが課題になる。それゆえに、いかに従業員の欲求・動機に応じた「誘因を提供」して「貢献を獲得」するか、という環境適応の発想は生まれてこない。ここでは、従業員を動かすための「動機付け論」「モチベーション論」などの必要性・重要性はまるで認識されていないし、「従業員満足度」という概念もない。

また、経営者の一方的な企画・計画にもとづき生産した製品・商品でも、消費市場に出せば顧客・消費者は購入する（売れる）ことが当然視されている。仮に思い通りに売れなければ、従業員にノル

マを課して顧客・消費者に売り込むことが課題にされる。

　ここでは、顧客・消費者のニーズ・欲求を調査・分析・評価し、それに対応した製品を開発・生産・提供して、購買意欲・購買活動を確保・強化するという発想は生まれない。つまり、「市場調査」「マーケットリサーチ」の必要性や、「マーケティング論」の重要性についての認識はないし、「顧客満足度」という概念もない。

　このように、PDCAサイクル論では、閉鎖的・自己完結的な管理サイクル（管理過程）を循環的に回せば、業務が遂行されて一定の「成果」が出ることになっているので、環境要因を識別・分析・評価し、それに対応して従業員や顧客・消費者の満足度の向上を追求し、「成果」を獲得する発想はない。ここでは、従業員も顧客・消費者も、組織目的の達成のための道具・手段であり、他律人モデル（他律的な行為主体）として捉えているので当然の結末である。

　同じ組織活動（協働行為）の目標を達成する手法でも、ドラッカーやマグレガーらが開発した「目標による管理（MBO）」のように、制度内に現場の従業員・労働者（自律的な行為主体）の行動目標や欲求・動機を組み込む考え方は、PDCAサイクル論には見当たらない。ここでは、MBOのような「構想と実行の統一」のマネジメントの発想は当初より視野の外である。

　ともあれ、PDCAサイクル論は、一部の人が誤解しているような最新のマネジメント論でもなければ、いつでもどこでも通用する万能論でもない。すでに多方面から、その限界性が確認されている約100年前の古典派経営学の典型例である。いまだに、PDCAサイクル論（管理過程論）を、業務マネジメントシステムの基礎に据えている生協組織があるとすれば、すみやかに勘違いを克服・止揚する必要があるだろう。

❹ 生協組織と提案制度

●人間の行動は「集団の中の気分・感情」に大きく影響される

　私たちの日常生活を少し振り返ればすぐに気づくことだが、自分の行動・活動が気分・感情に大きく規制・影響されていることは、経験的に理解できる。気分の良いときや高揚しているときには、何をするにしてもヤル気が出るが、逆であればヤル気は失せる。

　人間は、なんらかの社会的な集団・組織・協働に組み込まれて行動・活動・仕事・生活をする社会的な存在であるから、「仲間と居るとホッとする」「皆から仲良くしてもらって嬉しい」などの一体感・やすらぎ感・安堵感を希求することは自然である。

　これらの社会的欲求・関係欲求が充足して、良い気分・感情に浸っているときには、誰でもヤル気がうまれて、仕事にも、活動にも、打ち込める。

　逆に「周囲の皆からよく思われていない」「皆から仲間はずれにされている」「自分は認めてもらえていない」「いじめに合っている」などのときには、気分・感情が減入り、何をするにもヤル気が出ないであろう。

　とすれば、集団・組織・協働の中の人間のヤル気・モラールを維持・向上するためには、個々人の社会的欲求・関係欲求が充足するような「雰囲気の良い集団」「人間関係の良い職場」「心の安らぐ組織」「気持ちの良い組織」の創出が不可欠であり、そのための管理技法・制度・取組が必要である。ここで考察する「提案制度」も、そのひとつである。

●人間行動を規制する集団の中の「共通の気分・感情」

　私たちは、しばしば気分・感情に影響されて行動するので、もしも自分の属する集団・組織・協働の中に「共通した気分・感情」が強く作用していたら、それが暗黙のルールであるかのように、自分の行動・行為を規制してしまう。

　たとえば、会社の就業規則では午後5時30分に退社してもいいのだが、いつも職場の上司の課長が6時過ぎまでデスクで仕事をするので、職場には「なんとなく定刻には退社しにくい」雰囲気がある、という場合である。仮に定刻に退社すれば、「ヤル気のない人物だというレッテルを張られるかもしれない」「昇進やボーナス査定に悪影響するかもしれない」という空気がある。

　そのために、「うちの職場では毎日1時間のサービス残業は当たり前だ」「1時間程度の所定外労働は申告しない」という「共通の気分・感情」があり、それが暗黙のルールのように職場を支配しており、自分もそれに従って行動している、などの事例である。

　あるいは、会社の就業規則の規定によれば、「有給休暇は25日間取得できる」ことになっているが、実際にそのような長期間の連続休暇を取得すると、周囲からは「職場の同僚への迷惑を考えていない人物だ」「協調性のない自己中心主義の人間だ」と言われかねない職場の雰囲気がある。

　そのために、「職場の仲間や上司からよく思われたい」「皆から仲良くしてもらいたい」「仲間はずれにされたくない」のであれば、多くの人は「新婚旅行のための休暇はせいぜい1週間が限度だ、それ以上は取得できない」という「共通の気分・感情」を暗黙のルー

ルとして受け止めて従っている、などの事例である。

　このように、集団・組織の中の人間は、つねに公式組織の就業規則に従って経済的な合理性を求める論理的な行動をしているわけではない。しばしば、非公式組織を支配する「共通の気分・感情」を優先した非論理的な行動・活動をしている。したがって、この作用をうまく活用すれば、人間は組織・集団のなかで気分よく元気に行動することになる。

●人間関係論（社会人モデルの組織論）の理論的エッセンス

　1930 年代にハーバード大学経営大学院においてメイヨー（E.Mayo）やレスリスバーガー（F.J.Roethlisberger）たちが行った「ホーソン実験」は、人間の行動が、集団・組織の中に作用する「共通の気分・感情」「暗黙のルール」に支配・規制・影響されている事実を発見した。

　そして、彼らは社会的集団の中に作用する非論理的な気分・感情の論理に規制されて行動する「社会人モデル」（Social man model）を前提にした独自の組織論（人間関係論）を発表した。つまり、組織の成員を社会的欲求・関係欲求の充足により動機づけて、貢献意欲・貢献活動を獲得しようとするマネジメント論であり、それまでの古典派経営学の限界を大きく克服する内容をもっていた。

　その理論のエッセンスは、以下のように整理できる。

１）集団・組織の中の個々人の行動は、彼らの精神的な態度や気分・感情を離れてはありえないが、この気分・感情は社会的な集団の作用を通じて形成される。

２）いかなる公式組織においても、その中には必ず個々人の相互作

　　用を通じて「共通の気分・感情」「暗黙のルール」「行動基準」を
　　共有する非公式組織（Informal organization）が形成されている。
３）非公式組織に作用する「共通の気分・感情」「暗黙のルール」
　　などの非論理的な要因は、組織の中の個々人の行動・活動を「社
　　会的規制力」（Social control）として拘束・影響し、彼らの貢献意
　　欲や労働生産性を大きく左右している。
４）社会的集団の全体的状況のあり方は、組織リーダー・監督者の
　　働き掛けによって大きく影響を受ける。つまり、個々人の貢献意
　　欲を刺激し、労働生産性の向上する集団・組織をつくるのは、組
　　織リーダー・監督者の役割である。

　　この議論は、関係欲求・社会的欲求に動機づけられる社会人モデ
ルの行動メカニズムを解明したので、古典派経営学の限界を克服す
る大きな貢献であった。しかし、組織の中の個人が自由意思をもっ
た自律的・主体的な行為者である（自己実現人モデル）という視点
は、まだ欠落していた。その点については、その後のバーナードや
サイモンたちの現代経営学の登場を待たねばならなかった。

●関係欲求を充足するヒューマンリレイションズの技法

　　社会人モデルの組織論（人間関係論）では、公式組織において論
理的な行動をする人間よりも、むしろ非公式組織における気分・感
情など非論理的要因に規制・影響されて動く人間に注目している。
　　ここから、組織や集団の中の個々人の関係欲求・社会的欲求を刺
激して、貢献意欲・貢献活動を確保・獲得する一連の技法・施策・
制度・取組が歴史の舞台に登場する。それらは包括的に「ＨＲ技
法」（Human Relations；HR）あるいは人間関係管理と呼んでいる。

　日本では、1955年以降の生産性向上運動の過程において、広く紹介・導入・普及し、現代では多くの組織体・事業所において空気のように浸透している。たとえば、社内報、パブリック・リレイションズ、ジュニアボード、提案制度、モラールサーベイなど、すでに多数の技法・制度が開発・導入されている。いずれも、非公式組織における気分・感情の作用に着目したものである。

　たとえば、「ジュニアボード」（Junior board of executives）は、「青年重役会」「模擬重役会」とも呼ばれるが、これは法的根拠のある公式組織の会議体ではなく、非公式の模擬の「重役会」「役員会」である。この制度の目的は、若手従業員を模擬の「重役」「役員」に任命することで、「任命」された「喜び」や「満足感」などを提供し、また模擬の「経営計画」などを議論させて、わが社意識・一体感・帰属意識・参画意識などを醸成することにある。ここでも、非公式組織における非論理的な気分・感情を重視しており、「皆から良く思われたい」「上司や同僚から認められたい」など、従業員の社会的欲求・関係欲求の充足が中心テーマである。

　「パブリック・リレイションズ（Public Relations）」は、「PR活動」とも呼ばれるが、ステイクホルダーとのコミュニケーションを積極的に深めて、良い人間関係・信頼関係を構築・維持する一連の取組のことである。たとえば、会社のPR活動の事例として全社員に配布する「社内報」の発行がある。それは従業員やその家族との良い人間関係の構築を狙って発行する広報情報誌（冊子・パンフレット・雑誌・新聞）である。その目的は、従業員に会社の公式情報を伝達するとともに、従業員やその家族の非公式な情報を意識的に盛り込んで非論理的な気分・感情に働きかけ、「わが社意識」「経営家族主義」を培養し、会社と従業員・家族との良い関係を構築することで

ある。したがって、「社内報」誌上には、従業員の私的な慶事（結婚、出産、子弟の入学・卒業）や趣味の活動、家族の作文・絵画・習字の作品など、非公式で個人的な情報・記事を多く掲載している。

　ここでも、「皆から認められたい」「良く思われたい」など従業員の社会的欲求・関係欲求の充足・刺激が主要なテーマである。このような「社内報」を通じて、個々の従業員に良い気分・感情を満たし、会社組織との一体感や帰属意識・参加意識を醸成し、ゆるやかなモチベーション・勤労意欲の向上を意図している。

●提案制度は何を獲得目標にしているのか

　ＨＲ技法のひとつである「提案制度」（Suggestion system）は、「改善提案制度」「業務改善提案制度」とも呼ばれる。この制度もまた人間行動が社会的な集団・組織に作用する非論理的な気分・感情に規制・拘束・影響されている点に着目して、従業員のヤル気・モラールの維持・向上を図ろうとする。つまり、従業員に業務遂行に関する種々の改善事項を自主的・自発的に「提案」させることを通じて、わが社意識・参加意識・帰属意識・一体感などを醸成・強化して、貢献意欲・貢献活動をゆるやかに確保・獲得するものである。

　たとえば、職場の作業条件や作業方法、製品開発、管理方式などに関する改善意見を従業員に常に考えてもらい、それに関する提案文書を「提案箱」に投入してもらう。この提案行動は、あくまでも従業員の任意・自由であり、公式組織における職務上の行為でもなければ職責上の義務でもない。提案するもしないも、何を提案するかも、すべて本人の自由である。会社の提案委員会では、従業員からの提案を受領し、実現可能なものについては採用・実施し、提案

に対して全員一律に同額の報奨金を出したりする。

　多くの従業員は、日常の公式組織において会社の業務遂行の改善について意見を言う機会が少なく「疎外感」があるので、仮に公式組織の職責上の「提案」でないにせよ、会社に意見を言って聞いてもらえる機会は貴重である。会社の側は従業員の「提案」を聴くことで、従業員の側に「会社に改善提案をした」「会社はそれを受け止めた」という参加感・満足感・一体感を享受してもらえる。

　つまり、従業員は自主的・自発的な提案行動を通じて、会社の立場に立って「常に考える」ようになり、そのことで会社組織との一体感・参加意識・帰属意識の気分・感情を醸成・強化でき、従業員のヤル気・モラールをゆるやかに向上させることができる。また少額でも報奨金という経済的な刺激が伴えば、金銭の欲求も充足して提案活動をさらに促進させるが、これは副次的なことである。

　したがって、この制度が最も重視することは提案する中身・内容というよりも、あくまでも「提案する」プロセスにおける従業員の気分・感情や精神的な態度を刺激して、参加意識・参画意識を高めてモラールを向上することである。それが、この制度の本来の趣旨・目的であり、最大のポイントである。一部の経営者が誤解しているように提案内容の「良し悪し」「優劣」の評価ランキングを従業員に競わせることでもなければ、「優劣」に応じて従業員を選別的に表彰することでもない。

●人間関係論の無理解に基づく「提案制度の誤った運用」

　どんな管理の技法や制度でも、考案者・開発者の意図や、その制度の理論的な基礎を正確に理解しなければ、誤った制度運用が行わ

れて、ほとんど効果もなく所定の目的は達成できない。後述する
「目標管理」しかり、この「提案制度」もまたしかりである。

　提案制度の目的は、一部の経営者が誤解しているように、従業員
の提案した内容・中身の「優劣」「良し悪し」の評価を競わせるこ
とでもなく、その評価を会社側が「○△×」にランク付けして従業
員を選別的に表彰することでもない。この点に固執・執着・拘泥す
ると、本来の趣旨・目的ではない誤った制度運用になり、従業員の
勤労意欲・モラールは向上することもなく、また提案制度が職場に
定着することもない。

　一般に多くの従業員にとっては、公式組織の重要事項はすべて
「雲の上で決まる」ので、常日頃より「疎外」「カヤの外」を感じて
いるが、提案制度を通じて自主的・自発的に業務上の改善を「提
案」できれば、会社の立場に立って「常に考える」ようになる。そ
の「提案」が、公式組織の職責上のものでないにせよ、その提案行
動を通じて会社組織との一体感・参加意識を醸成できる。

　したがって、この提案制度を運営する際には、非公式組織におけ
る気分・感情の論理・作用を重視・着目・留意することが根幹であ
る。つまり、従業員の提案行動を通じて関係欲求・社会的欲求を充
足・刺激するという本来の趣旨・目的を失念してはならない。

　一部の経営者は、提案制度の本来の趣旨を誤解して、従業員の
「提案」した内容・中身の「優劣」「良し悪し」の評価ランク付けに
固執・執着しているが、それは制度の趣旨を理解しない誤った運用
と言うしかない。この制度の運用マニュアル文書には、「○△×」
など評価ランキングモデルの記述はまったく不要である。従業員の
「提案という行為」を一律に尊重・リスペクトして、その内容・中
身にかかわらず全員一律に同額の報奨金を支払うべきである。

　仮に経営者の設定した評価ランキングに基づいて従業員を選別的に「表彰」したり、支払う「報奨金」に格差を付けたりすれば、「△」や「×」の評価を受けた者は、懸命に考えた自分の「提案」が「認められなかった」のであるから、当人の内面には失望感・疎外感・喪失感・不信感・無力感・敗北感・絶望感などが充満する。

　そして、「うちの経営者は現場のことが何も分かっていない」「なぜ自分の改善提案が×評価なのか、理解できない」「なぜ自分の提案がアイツの提案より評価が低いのか」「自分は会社の中では認められていないようだ」「何を言ってもまったく通じない会社だ」「こんな会社では働きたくない」という気分・感情になり、おそらく二度と提案をしないであろう。これでは、従業員の気分・感情を害してヤル気・勤労意欲を奪ってしまい、この制度の本来の趣旨を無残に踏みにじってしまう。

　一般論として、労働者・従業員の提案・意見・知見について経営者が軽々に評価ランク付けすることは極めて危険である。現場のことは現場の労働者こそが熟知している。若者のニーズは若者こそが熟知している。女性のことは女性こそが熟知している。労働者・従業員の提案・意見・知見・アイデアはすべて一律に貴重であり、謙虚に受け止めて尊重すべきであろう。そこに未来を切り開く重要なヒントが隠されていることは、すでに多くの成功した事業組織の歴史が証明している。

　もしも、提案制度の目的をはき違え、従業員の提案内容の「優劣」「良し悪し」の評価ランク付けと選別的な表彰行為に執着・固執している生協組織があるとすれば、社会的欲求・関係欲求の充足で従業員のモラール向上を意図する社会人モデルの組織論（人間関係論）の趣旨を全く理解していない、と言うしかない。

　なお今日では、「提案制度」という名称を職場の雰囲気に合わせて親しみやすいものに変更する事例も多い。また「提案制度」を単体で運用するというより、業務改善の「提案」活動を「小集団活動」「QCサークル活動」「カイゼン活動」「業務改善提案会議」「プロジェクト会議」などとして、現場の従業員の自主性・自律性に依拠したグループ・集団で議論・実行・実施するケースの方が多い。つまり、自律人モデルの組織論（現代経営学）の展開である。

●補論：尊重すべき現場の労働者の「提案」

　提案制度を通じて現場の労働者が「提案」する内容・中身はすべて貴重であり、それを経営者が軽々に「○△×」と評価してランク付けすることは、この制度の趣旨・目的を理解していないばかりか、「△×」のレッテルを付けられた者の気分・感情を害して、勤労意欲を毀損するきわめて危険な行為である。論点は少しズレるが、若い従業員の「提案」を巡るエピソードを 2 つ紹介したい。

　A社は日本を代表する大企業のひとつであるが、その創業者は、かつて地方の国立大学工学部を卒業して自分の専攻分野の知識の活かせる小さな会社に就職した。そして、入社早々に、ある「提案」をしたが、上司も社長もそれを受け止められずダメ出しされた。業界のことを何も知らない入社早々の若者の生意気な「提案」として、反発されたのかもしれない。あるいは、上司も社長も勉強不足のために若者の「提案」の内容を理解できなかったのかもしれない。

　本人は「こんな会社に居ては自分も成長しないし、会社も成長しない」という思いで、すぐにさっさと退職してしまった。幸いにも、外部に彼のアイディアを理解する人物がおり、そのサポートの

　おかげで、郊外に小さな「町工場」を立ち上げることができた。

　その「町工場」の事業は、その後あれよあれよと言う間に成長・発展し、その分野では日本を代表するトップ企業になってしまった。今では、従業員数万人を抱える世界的企業であり、そのむかし入社早々の20代の若者の「提案」にダメ出しをした某企業の「逃した鯛」は、あまりにも大きかった。

　いつでも、若い世代の「提案」する内容はすべてが貴重であり、そこに未来を切り開く重大なヒントが内在しており、それをオフィスの経営者が軽々に「評価」して、「△ ×」のダメ出しをすべきではない、という教訓である。

　B社もまた日本を代表する大企業のひとつであるが、ほんの数十年前までは、小さな零細企業であった。そんな企業に、ある日ある時、某有名大学工学部を卒業した人物が入社してきた。その企業にとっては初めての大卒社員であり、周囲に戸惑いもあった。彼は入社早々に、ある「提案」をしたが、御多分に漏れず、上司も周囲も、それを受け止められず、ダメ出しされた。入社早々の大卒の若造の生意気な「提案」として反発されたのかもしれない。

　上司・周囲から猛反発されたけれど、幸いにも社長の懐が大きかった。社長の「やってみろ」との一言で、自分の「提案」を実行（製品化）したところ、大方の予想に反して大ヒット商品になり、会社に多大なる貢献をして、すぐに一目おかれる存在になった。

　その「若造」は、その後も次々に「生意気」な「提案」を行っては、それをヒットさせて同社の大きな礎を築いて今では第二の創業者と見なされている。現在、同社は世界的な有名企業に成長しているが、入社早々の20代の若造の生意気な「提案」に対して、経営者が謙虚に耳を傾けて尊重したことが、同社の成功の秘密であった。

❺ 生協組織と事業プランニング

●事業計画とは「行動目的と達成手段の明確化」である

　「狭義の動物の行動」と「人間の行動」との根本的な差異は、「行動」する前の計画性の有無である。狭義の動物は、本能的・条件反射的に「行動」するが、人間は「行為主体」である前に「意思決定主体」であり、あらかじめ「達成すべき目的」と「達成する手段」を意思決定し、その計画に即して「行動」する。

　人間の組織活動（協働行為）も同様であり、活動する前に「達成すべき目的」「達成する手段」を意思決定し、その活動計画に即して目的意識的に行動・活動して、所定の課題を解決しようとする。

　組織活動の掲げる究極的な「目的」とは、理念・ビジョン・社是などとも呼ばれ、しばしば抽象的に表現される。それは将来の「あるべき姿」「目指すべき姿」のことであり、価値前提に基づく判断（価値判断）で決められる。

　ひとまず、究極の「目的」が決まると、それを「達成する手段」に関する意思決定は、事実の識別・分析・選択という論理的な過程であり、これは組織活動の置かれた環境の事実前提に基づく判断（事実判断）で決められる。

　最も遠い究極的な目的を達成するには、そのための手段として当面の目的を決定して、それを達成する。さらに、より当面の目的を達成するための手段として、より直近の目的を決定し達成することにもなる。このような「目的と手段の連鎖」は、最終的に現時点での個人行動に帰着する。

　このプロセスを、時期区分別に表現すれば、究極の目的達成のための長期計画（ビジョン）→中期的な目的達成のための計画→単年度の目的達成の計画→今月の目的達成の計画→本日の目的達成の行動計画となる。同時に、それは組織内では全体目的を細部目的に分割・再分割・再々分割することであり、企業組織の事例で言えば、全社的な全体計画→事業部門別の計画→各職場単位の計画→各個人の行動計画へとブレイクダウンされる。

　したがって、いかなる組織活動でも全体のビジョンや究極目的が、具体的な事業計画や行動計画を通じて組織の末端にまで浸透して、個々の組織成員に共有されなければ意味がない。そのために、営利企業では、たとえば「朝礼」にて組織全体のビジョンや究極目的を唱和・確認するとともに、当日の個人の行動計画を確認している。また組織目的に直接・間接に貢献するすべての組織成員・貢献者に対して、たえず情報開示・ディスクロージャーを行って共有化している。

　このように、事業計画の立案とは組織活動の「目的と手段」の連鎖のプロセスを意思決定して、それをすべての組織成員・貢献者に明確にすることである。そして計画内容が組織内に分配され、すべての組織成員に共有されて、はじめて組織活動は始動する。

　組織全体の「目的と手段」の連鎖がうまく機能して、それぞれの組織成員が当面の所与の目的を達成すれば、全体の共通目的は達成されることになる。

●意思決定とは「組織目的と環境要因との調整」である

　個人にせよ、組織活動（協働行為）にせよ、行為主体が目的を達

成するには、行為・行動する前の意思決定の過程が必要である。つまり環境要因・状況要因を分析・識別・評価し、それに適応する行為・行動を事実判断に基づいて選択（意思決定）するプロセスである。仮に環境要因に適応していない行為・行動を選択しても、それでは目的を達成できない。その際には、目的を放棄・変更するか、目的に合うように環境要因を変えるか、そのいずれかである。

たとえば、人間が「空を羽ばたきたい」と思ってビルの屋上から飛び降りても目的は達成できない。なぜなら、「万有引力の法則」という環境要因を無視した（適応していない）行為の選択（意思決定）だからである。人間が、自然界を支配する物理学的な「万有引力の法則」を排除できない限り、自力で「空を羽ばたく」という目的は放棄・変更するしかない。そして、環境要因に適応した飛行機を制作し、それに搭乗するしかない。

生協組織が何らかの事業計画を立案するときにも、環境要因に適応した活動・行為の選択（意思決定）が求められる。仮に環境要因を分析・識別・評価することもなく、それに適応しない行為を選択しても目的を達成できない。

たとえば、組合員・顧客のニーズ・欲求という環境要因を無視したモノ・サービスを提供しても「売れる」ことはない。どんな場合でも「売れない」のには理由・原因がある。かくして「市場調査」「組合員満足度調査」などを通じて、組合員・顧客のニーズという環境要因を識別・分析・評価し、それに基づいてニーズ・欲求に適応したモノ・サービスを開発・生産・販売することになる。もしくは逆に生産・提供したモノ・サービスが顧客に受容・購買されるように顧客の側のニーズ・欲求を変更・創造・創出することになる。

いずれにせよ、環境要因（顧客ニーズなど）に適応していない行

為・行動を選択・実行しても組織目的は達成できない。行為の選択（意思決定）の際には、可能な限り多くの代替的な選択肢を列挙して、それらの代替案を比較・検討・評価し、相対的にもっとも「合理的」な行為を選択する、つまり最小のコストで最大の成果の期待できる効率的（能率的）な行為を選択することになる。

ここで、「合理的」「効率的」な行為の選択（意思決定）といっても、人間の情報収集には限界もあり、それは「限定された合理性」「制約された合理性」である。したがって、意思決定（行為の選択）は、つねに「満足化原理」に基づくものになる。

このように、「行為」「行動」の前に、環境要因と目的とを調整・適応する意思決定の過程が不可欠である。したがって、環境要因を詳細に識別・分析・評価することもなく、それとの調整・適応を考察することもなく、ただやみくもに「アレをします」「コレをします」と行動提起のみを羅列・実行してみても目的は達成しない。

いつでも、綿密な意思決定にもとづく行動計画がなければ、共通目的は達成できない。その結果、年度末には、しばしば断片的に「アレをしました」「コレをしました」の羅列で終わり、「何が、なぜ、達成されなかったのか」「何が、なぜ、課題として残されたのか」などの原因・要因が少しも浮き彫りにならない。そして、事実判断に基づいた事業（活動・行動）の「総括」がなければ、次年度に「解決すべき課題」や「達成すべき目標」が明確にならず、新しい活動計画も立案できない。

● 目的達成を制約している要因の分析・識別・評価が不可欠である

目的達成の手段に関する意思決定は、識別・分析・選択という論

理的な過程である。このプロセスは、いかなる事実・事象・条件・要因が、目的の達成を助けているのか、逆に妨げているのか、という観点(事実前提に基づく判断)に貫かれている。

これは、現状のもとではいま利用しうる手段・方法による以外には、いかなる行為もなしえない、という事実を示す要因を識別することである。それは、他の要因が不変ならば、その要因を取り除くか、もしくは注入・設定することで、めざす目的が達成されるような要因のことであり、制約的要因(戦略的要因)と呼ばれている。

たとえば、畑に植えたダイコンの増収を望んで土壌の分析をしたら、チッソ・リン酸・カリのうち、カリが不足していることが判明し、それがダイコンの生育を制約しているとすれば、「カリ」が目的達成を制約している要因である。この制約的要因を識別・評価して、その事実を前提にした判断として、「畑に一定量のカリを投入する」ことが戦略的な意思決定である。

あるいは、大津波に被災して畑の土壌が塩づけになり、それがダイコンの生育を制約しているとすれば、土壌の「塩分」が目的達成を制約している要因である。この制約的要因を識別・分析・評価して、その事実を前提とした判断として、「土壌から塩分を取り除く」ことが戦略的な意思決定である。

かくして、2つの畑の制約的要因の問題が解決・克服されて、ダイコンを増収するという目的は達成される。

●戦略的意思決定とは制約要因を識別して 目的達成の行動を選択すること

生協が事業を遂行する場合も、制約的要因を識別・分析して戦略的意思決定をすることが不可欠である。

　たとえば、事業の成長・発展を望んで「組合員（顧客）満足度調査」を実施したら、「商品の価格」についての満足度が極端に低いことが判明し、それが原因で生協を利用しない組合員が増加し、事業の成長・発展を阻害・制約しているとすれば、この場合は、「商品の価格」が目的達成を制約している要因である。

　この制約的要因を識別・分析・評価し、その事実判断として「商品の価格を組合員ニーズに適応するように再設定する（低価格にする）」ことが戦略的な意思決定である。

　また、生協事業の発展を望んで「従業員満足度調査」「モラールサーベイ」を実施したら、営業店舗で働くパートの人々の職務満足度が低いことが判明し、そのことがパート従業員の勤労意欲・モチベーションの低下の原因であり、店舗事業の成長・発展を阻害・制約しているとすれば、「パート従業員の職務満足度」が制約的要因である。

　この制約的要因を識別・分析・評価し、その事実判断として営業店舗の「パート従業員の職務満足度を高める（仕事のなかでの自己実現欲求を充足してやりがい・生きがいのある職場づくりをする）」ことが戦略的な意思決定である。

　さらに、生協事業の成長・発展を望んで総事業高が増加しない要因を調査・分析したら、若い世代の組合加入率が極端に低く、組合員の高齢化・休眠化・減少化を生みだし、そのことが生協の利用額・事業高の増加を制約しているとすれば、「若い世代の組合加入率」が目的達成を制約している要因である。

　この制約的要因を識別・分析・評価し、その事実判断として「若い世代の組合加入率を高めて供給額・事業高を増やす（若い世代の生活ニーズ・欲求に応える魅力的な事業運営をして組合員を増やして事

業利用額を増やす）」ことが、戦略的な意思決定である。

　このように、環境・状況に潜んでいる目的達成を制約している要因を、事実に即して分析・識別・評価し、それを設定・注入・投入・増加するのか、それとも除去・撤収・整理・削減するのか、目的達成のできる行動・行為を、事実判断に基づき選択（戦略的な意思決定）することが求められる。いかなる場合でも、具体的な行為・行動に移す前には、事実判断・事実前提に基づく綿密な意思決定のプロセスなくして目的は達成しない。

　生協組織が事業計画を立案する際にも、全体としての「達成すべき目的」「達成する手段」の連鎖を明確化しつつ、制約的要因を識別・分析・評価し、それを克服・止揚する「合理的」「効率的」な行為・行動を選択・意思決定することが求められる。それが「計画する」「計画をたてる」の意味である。

　そして、期末には事業全体の「成果と欠陥」を事実に基づいて分析・把握し、とくに「欠陥」の生じた原因（目的達成を制約した要因）を識別・評価し、次年度の「解決すべき課題」「達成すべき目的」「達成する手段」を明確にする必要がある。それが「総括」の意味であり、それができれば、自ずと次年度の事業計画・行動計画の内容が浮上するであろう。

　このような観点から、生協組織において「不十分な計画（意思決定）」に基づく「不十分な活動」、そして「不十分な総括」のサイクルが繰り返されていないかどうか、振り返って見る必要があるだろう。

　また「総代会の議案書」「事業計画書」なども、制約的要因を十分に分析・評価して意思決定をしているかどうか、抜本的に見直す必要があるだろう。

❻ 生協組織と事業戦略

●環境適応なき閉鎖的マネジメントでは組織目的は達成しない

　「ことわざ」や「格言」の類は、先人が日々の暮らしの営みの中で生み出した言葉であり、そこには、人が生きる際の知恵が示唆されている。よく知られた格言として、「善は急げ」があるが、同時に「石橋を叩いて渡れ」もある。前者の意味は「良いと思ったらできるだけ素早く対応・実行せよ」であり、後者は「安全確実に思えても用心の上にも用心を重ねて慎重に対応・実行せよ」という意味である。

　この２つの「格言」に直面して、人はどちらの「行為」を選択すべきか、その判断基準はどこにも示されていない。つまり「格言」のもつ致命的な欠陥は、全体状況・環境要因との関係性が無視・遮断された行為・行動の一側面・一断片が、ただ陳列・提示・羅列されるのみで、いかなる状況下において一体何を達成するのか、いかなる手段で達成するのかなど、行為の前提になる意思決定のプロセスが何も解明されていない。そのために、どちらの「格言」に従えばいいのか（目的が達成するのか）、誰も判断することができない。

　これと類似の状況が、組織マネジメントの世界においても散見される。その典型例は、「管理過程論（PDCA論）」「管理原則論」など古典派経営学の示唆する世界である。これらの議論では、暗黙の前提として、組織リーダーがPDCAサイクル（管理過程）を「回せば」自ずと事業活動の「成果」は生まれるし、また「管理原則」通りに実践すれば自ずと良い「結果」になる、と当然視されている。

　たとえば、「分業の原則（専門化の原則）」によれば、「従業員の担う業務はできるだけ細分化して、単一の専門化した業務を遂行することが良い」とされる。他方での「管理の幅の原則」によれば、「一人の組織リーダーの部下の人数はできるだけ少なくして、管理の幅を狭めた方が良い」とされる。この2つの「管理原則」には、いずれも環境要因・状況要因との関係性の分析・説明・記述はどこにもないので、組織リーダーは、どちらの「原則」に従うのが「良い」のか、その判断をすることもできない。

　仮に前者の「分業の原則」を追求・実行すれば、業務は限りなく細分化・専門化するので、部下の人数は増加するが、その結果として管理の幅は自ずと広くなり、他方における「管理の幅の原則」と矛盾することになる。仮に後者の「管理の幅の原則」を追求すれば、管理の幅を狭めるために部下の人数を削減することになるが、その結果、他方における業務を細分化・専門化する「分業の原則」とは矛盾する。

　このような袋小路に迷い込むのは、状況要因・環境要因とは切断・遮断・隔離された行為・行動の断片・一面が、組織リーダーのなすべき「管理原則」という名のもとに、あたかも「格言」や「ことわざ」のように、ただ羅列・陳列・提示されるのみだからである。つまり、行為・行動の前提の意思決定のプロセスが何も語られていないからである。

　ここでは、事業活動が、暗黙の前提として、外部の状況要因・環境要因とは切り離されたクローズドシステム（閉鎖的な内向きの協働体系）として捉えられており、そこでの管理職能もまた環境要因・状況要因とは遮断・切断・隔離された機能として把握されている。そこでは、従業員や顧客・消費者などは、組織の目的達成の道

具・手段であり没主体的な行為者（他律的な行為主体）とされるので、従業員は指示命令すれば牛馬のように指示通りに動くし、また生産した製品は市場で顧客・消費者に提示すれば必ず購入される（売れる）ことが、当然の暗黙の前提になっている。

　そのために、組織リーダーは、従業員の動機や顧客・消費者のニーズなど環境要因・状況要因に対して、いかに適応して組織目的を達成するのか、という動態的な発想は生まれてこない。ここでは、「従業員満足度調査」や「顧客満足度調査」などの必要性は認識されておらず、「モチベーション」「マーケティング」などの概念は、そもそも視野の外である。

　ここに、「管理原則論」「管理過程論（PDCA論）」などの古典派経営学（古い考え方）の致命的な欠陥がある。これらの欠陥は、その後のバーナードやサイモンなどの現代経営学の登場で明白になり、とくに組織均衡論、意思決定論、経営戦略論、モチベーション論、マーケティング論、リーダーシップ論など一連の「環境適応のマネジメント論」が全面的に展開される中で、理論的にも実践的にも克服・止揚されている。

●事業戦略の基本定石は組織のポジショニングにより異なる

　事業活動は、環境要因・状況要因との関係性の中でのみ成立・存続するオープンシステムであるから、事業戦略の中心課題は事業の達成目的や達成手段を、いかに環境要因・状況要因に適応・調整させるかという組織マネジメントである。フィリップ・コトラーによれば、事業戦略の基本的な定石モデルとは、「コストリーダーシップ戦略」と「差別化戦略」に大別される。

　「コストリーダーシップ戦略」とは、自己組織の事業の経済コストを競合する他組織よりも低下させることで、市場経済における競争優位性を確保する戦略である。これは「規模の経済」「累積生産量の増加」「ハードやソフト技術の優位性」などにより実現される。

　「差別化戦略」とは、自己組織が提供するモノ・サービスの市場経済における認知上の価値（顧客・消費者の認知する価値）を、競合する他組織のそれよりも増加・向上させて、競争優位性を確保する戦略である。これは「製品の特長」「ブランド」「品揃え」「機能間の連携」「地理的ロケーション」「タイミング」「他組織との関係性」などで実現される。

　これらの事業戦略のなかで、どのモデルを採用すべきか、それは事業組織のタイプ・特徴・類型により異なっている。コッターによれば、事業組織は市場経済における位置づけ（ポジショニング）と組織活動の特徴により、「リーダー」「チャレンジャー」「ニッチャー」「フォロアー」の4つに分類・区分され、それに応じて採用すべき事業戦略も異なっている、という。

1、「リーダー組織」とは、保有する経営資源が質量ともに優れており、また業界における市場占有率（マーケットシェア）が最も高く、しばしばフルライン戦略を採る業界トップの事業組織のことである。ここでの事業戦略の基本は、「周辺需要を拡大して市場全体を拡張する戦略」「外部から仕掛けてくる差別化戦略の効果を半減化させるための同質化戦略」「ブランド力の強化や高付加価値商品の投入により安売り攻勢に応じない非価格対応戦略」「シェアを独占せずに最適シェアを維持する戦略」などである。いずれも、業界トップ組織であるがゆえにできる戦略であり、そ

のポジションを防衛・確保するための戦略でもある。

2、「チャレンジャー組織」とは、経営資源の量はともかく質の点ではリーダー組織よりも劣っており、業界での位置づけは第2〜4位であるが、絶えずトップを目指して挑戦的に活動する事業組織である。ここでの事業戦略の基本は「攻撃戦略」と「逆手戦略」である。「攻撃戦略」とは、トップ組織の手薄な分野に対する差別化戦略を強めて「攻撃」するか、もしくは下位組織に「攻撃」を仕掛けてシェアを奪取することである。「逆手戦略」とは、自己組織にとっての不利な、トップ組織のもつ経営資源の優位性を逆手にとり、新しい業種・業態やビジネスモデルを開発して、有利な強みに変えて反撃することである。「攻撃」「逆手」のいずれの戦略も、他組織に対する挑戦が前提である。

3、「ニッチャー組織」とは、保有する経営資源の質（独自性・優位性）は高いが量は少ないので、フルライン戦略をとらず、また規模の拡大・拡張を目指さない事業組織である。ここでの事業戦略の基本は、限定されたニッチ市場において寡占的な位置を確保・防衛することである。つまり、保有する優れた製品・技術などの経営資源を、独自のニッチ市場に限定・集中して事業活動を展開し、長期的に安定した収益の確保を目指す戦略である。あくまでも、業界のすき間（ニッチ市場）に限定・集中した活動が原則であるが、周辺市場が拡大すると上位組織が参入するリスクがあるので、製品・技術の独自的な価値（独自性・優位性）を高めて参入障壁を築くことが不可欠である。

4、「フォロアー組織」とは、他組織に比較して保有する経営資源・商品のラインアップ・流通チャネルなどが質量ともに劣っており、また市場占有率も低くて業界トップの座を狙わない（狙え

ない）事業組織である。ここでの事業戦略の基本は、「上位組織を模倣する戦略」と「低価格戦略」である。一般に、新製品の開発には莫大な費用がかかるので、資金も技術も乏しい事業組織では、「上位組織の模倣」をして類似製品を出すしかない。かつて松下電器（パナソニック）は「マネシタ電器」と揶揄された時代もあった。また当該業界においてシェア（市場占有率）獲得のために、継続的に「安売り攻勢」をかける低価格戦略がある。ただし、上位組織の非価格競争対応によりブロック（効果半減化）される場合もあるし、品質を落とさずに低価格戦略を継続的に展開するには、コスト削減が大きな課題になる。

●ニッチャーとしての生協組織の採るべき事業戦略とは何か

　生協組織は、流通小売業界においては典型的な「ニッチャー組織」である。生協全体の扱う事業高は、小売業界全体の約2.0％程度にすぎず、その保有資源からみても、非営利の組合組織という特徴からみても、市場の限定性（組織化された組合員）さらにマーケットシェアからみても、ニッチャー組織である。

　したがって、ニッチャー組織としての生協が採るべき事業戦略は、総合スーパーなどリーダー組織の模倣・追随ではなくて、ニッチ市場に深く根差した差別化戦略・集中戦略を展開するしかない。つまり、生協は組織化された組合員という特定のニッチ市場において、生協ならではの独自の差別化したビジネスモデルに基づいて、生協ならでは独自の価値をもつ差別化したモノ・サービス・情報の供給に特化・集中して、非営利の組合組織として、長期安定的な収益性の確保を目指す戦略しかない。

　しかし、生協を取り巻く環境は厳しくて、総合スーパー、コンビニ、大規模ネット通販業などの営利企業の攻勢からは逃れられない。これらの営利企業は、たえず競業組織の弱み・強みについて調査・分析・評価し、継続的・波状的に「攻撃戦略」「逆手戦略」「同質化戦略」「差別化戦略」などを展開している。そのために、生協の独自性・優位性として展開する事業戦略の効果は、たえず半減化している。したがって、生協は自ら提供する商品・サービスをたえず再検討し、環境適応した新しいビジネスモデルを再開発・再構築することが不可欠である。

　たとえば、商品の「安心・安全」というキャッチコピーは、永らく生協の提供するモノの「価値」を高めて、多くの組合員の支持を集めてきた。しかし、いまや営利企業が顧客・消費者のニーズに応える事業運営として、普通に実施・実行していることであり、もはや生協の独自性・優位性を示すものではない。とくに、「製造物責任（PL）法」の下で、営利企業は出荷した商品の「安心・安全」が少しでも危惧される場合には、莫大な費用をかけて「自主回収」をする時代である。現在では「営利企業の製造・生産した商品だから安心・安全には疑問だ」という時代ではない。

　ちなみに「安価」については、営利企業による「コストリーダーシップ戦略」「低価格戦略」「攻撃戦略」などにより、生協の「商品の価格」は劣勢を余儀なくされている。日本生協連の調査（2018年）によれば、組合員満足度が極端に低い項目は「商品の価格」と報告されている。そのために、多くの組合員が営利企業の顧客として奪われ、購入先は「生協以外が多い」および「生協を利用しない」組合員が、合わせて全体の過半数（57.2％）を占めるに至っている（日本生協連調査）。したがって、いまや生協の「商品の価格」は市

場経済における「劣位性」を示している。

　また生協の個配・宅配というビジネスモデルは、かつて一定の独自性・優位性を確保していた時期もあったが、現在では総合スーパーやコンビニ、さらに専門の大規模ネット通販業などが、幅広く採用・実施しており、もはやコモディティ化している。とくに大規模ネット通販業の急速な成長・発展が、生協の個配・宅配の事業を圧迫しており、ここでも営利企業の「攻撃戦略」「同質化戦略」により、生協の個配・宅配の独自性・優位性は大きく薄められ、かつての差別化戦略の効果は半減化している。

　大規模ネット通販業は、すでに食品供給事業にも進出し生鮮食品をも扱っている。そのような動向について、生協の一部には「楽観視」する向きもあるが、「大規模ネット通販業の即日配送システム」「生鮮食品の保存技術の高度化」「冷凍冷蔵庫付き配送車を多数保有する宅配業者・物流業者の動向」「社会的な物流システムの大規模イノベーションの動向」などは決して侮れない。ここでも、「アマゾン・エフェクト」と呼ばれる事態は避けられないであろう。

　このような厳しい環境の中で、生協事業の独自性・優位性が大きく損なわれ、劣勢を余儀なくされ、その結果、多くの組合員が営利企業に顧客として奪われ、生協をほとんど（まったく）利用しない組合員が増加している（日本生協連調査）。

　とすれば、ニッチャーとしての生協組織が、競争優勢性を獲得・復活して生き残るには、さしあたり「商品の価格」の劣勢を速やかに克服し、生協ならではの差別化した独自のモノ・サービスの開発・提供ならびに独自の新しいビジネスモデルの開発・構築・導入が急務である。組合員の高齢化・休眠化・減少化が急速に進むなかでは「時間」との競争であろう。

❼ 生協組織とマーケティング

●顧客の「食べ残し」情報を徹底的に調べる弁当屋さん

　筆者がかつて勤務していた大学では、教授会などは別として、1時間程度の小会議は、よくランチタイムに設定されていた。大学では、教員の講義担当の時間帯がバラバラだから、特定の時間帯に複数の教員を集めるには、ランチタイムは都合がよく、大学の用意した弁当を食べながら行われていた。

　出入りの弁当屋さんが、12時ごろ会議室にやって来て、手慣れた様子で弁当をテーブルに並べ、大きなゴミ袋を残して帰ってゆくのだが、会議の終了時を見計らって再度やって来る。今度は、残飯入りの弁当箱などが放り込まれたゴミ袋を回収して帰る。この弁当屋さんは、単に「弁当を販売する」だけではなくて、「ゴミの回収」というサービスが付いているのか、と感動していた。

　ある日ある時、「いつもすみませんね、ゴミまで回収してもらって。生ゴミの処理など大学としては苦慮しますので大助かりです」と謝辞を述べたところ、なんと想定外の返答があった。

　「いえいえ、私どもにとってはゴミではありません、貴重な情報が満載された宝の山です」という。よくよく聴いてみると、次のような事情であった。

　「ゴミ袋」は、店に持ち帰り、弁当箱に残された残飯を徹底的に調べるという。何が完食されたのか、何が食べ残されたのか、どれだけ残されたのか、顧客の消費行動のデータを収集し、それを顧客別・販売先別に分析・調査・評価して、弁当の内容・質・量の改善

を進めている、という。

　この弁当屋さんでは、一方的につくった弁当を顧客に売り込むのではなくて、顧客の満足度調査を通じて顧客のニーズ・欲求を把握し、それに適応した弁当をつくり販売する、という。そのような取組をして、顧客満足度を高めて、購買意欲・購買活動を強化し、事業の成長・発展を目指しているようだ。まさに、現代経営学（マーケティング）のイロハを実践していたのだ。

　当初は、弁当屋さんの「ゴミの回収」と勘違いしたが、実は顧客ニーズに関する「貴重な情報の収集」であり、「顧客満足度調査」「市場調査」の取組であったので、今度はその意味で感動してしまった。

●コープさっぽろ（コープフーズ）の配食事業はなぜ成功したのか

　コープさっぽろ（関連会社コープフーズ）では、この間、取組を強化してきた配食事業が大きく成長している、という。厳しい経済環境のなかで、生協の生き残り競争の活路として乗り出した新規事業であったが、現在では、高齢者の夕食のみならず、幼稚園の弁当、病院や介護施設の給食など幅広く手掛けるまでに大きく成長した、という。

　コープさっぽろの配食事業が、このように拡大・成長した背景には、たとえば「きんぴらごぼうのゴマが歯の間に詰まる」「味がしょっぱい」など、配食利用者のナマの声（苦情・要望・意見・ニーズ）を丁寧に聞いて、それに基づいて食事調理の改善を地道に重ねる取組があったからだ、という（「朝日新聞」2018年6月29日）。

　生協の事業に限らず、どんな業界・業種でも、顧客・消費者が何

を求めているのか、そのニーズ・欲求・動機を、たえず調査・分析・識別・評価し、それに応じたモノ・サービスを製造・販売・提供しなければ、顧客・消費者の購買動機の満足度（欲求充足度）が向上することはない。

顧客・消費者は自律人・自己実現人であるから、周囲から多くの勧めのコトバがあっても、最終的に「買うかどうか」は本人が自律的に判断し意思決定することである。人間行動は動機満足のプロセスであるから、購買動機の満足度が向上しなければ、購買意欲も購買活動も強化しない。

配食事業においては、提供する食事の味つけ・量・香り・食感・カロリー・栄養成分・栄養バランス・塩分量・糖分量・アレルギー対応などについて、組合員（顧客、消費者）の意見・苦情・要望・ニーズなどを丁寧に聴きつつ、それに基づきニーズ・欲求に適応した食事・料理を調理し提供することは当然である。それが状況適応・環境適応のマネジメントであり、配食事業の長期的な成長・発展の最低限の条件である。

コープさっぽろ（コープフーズ）の配食事業が成功した秘密は、配食利用者の「きんぴらごぼうのゴマ」の苦情にも、丁寧に対応して地道に顧客満足度の向上を追求したからだろう。つまり、一連のマーケティングの活動・取組が充実していたのであろう。

それとは逆に、組合員・配食利用者のニーズ・欲求・要望・苦情に耳を傾けることもなく、一方的な「思い込み」「推測」で企画・計画して、「作りっぱなし」「売りっぱなし」「届けっぱなし」の「一人よがり」の事業を継続しても、決して組合員（顧客・消費者）の満足度は向上しないし、購買意欲・購買行動は強化することなく配食事業が発展することはない。

●マーケティングとは消費者ニーズに応える 環境適応のマネジメント

　どんな業界・業種の事業組織でも、ふつうに実施・実行している
ことだが、顧客・消費者のニーズ・欲求に適応する観点から、提供
するモノ・サービスを企画・開発・製造・販売・広告・宣伝・配
送・納品する一連の取組が「マーケティング」活動である。これら
の取組は、顧客・消費者の購買動機の満足度（欲求充足度）を向上
させ、購買意欲・購買活動を獲得・強化することが目的であるから、
どこまでも顧客・消費者サイドの目線に立つことが原則である。

　まず顧客・消費者のニーズ・欲求を把握するには、「市場調査」
「マーケティング・リサーチ」「顧客満足度調査」「購買行動調査」
「消費者行動調査」などを通じてデータを収集する。それには、ア
ンケート調査票を配布・回収したり、消費者の行動を直接に観察し
たり、直接に面談・ヒアリングしたり、さらに電話・インターネッ
トを利用したり、方法は多数ある。そして、収集した顧客・消費者
のニーズや購買動機などに関するデータを、世代別・性別・地域別
さらに時系列に分析して評価する。

　次に、得られた顧客ニーズ調査の分析結果を基礎にして、どのよ
うな顧客を対象・ターゲットにして、どのようなモノ・サービスを
開発・製造・販売するのか、マーチャンダイジング（プロダクトプ
ラニング）を行う。つまり、顧客ニーズに適応する商品を見極める
作業・手続きであり、「商品化政策」とも呼ばれる。製造業のモノ
づくりであれば、製品の材料・原料・機能・品質・パッケージ・デ
ザイン・ブランド名などを決めることになる。

　さらに、マーケティングとしては、プライシングつまり価格・値

段の設定が重要な課題である。モノの価格・値段は、基本的には原
材料費や人件費などのコスト、さらに利益率など計算をして算出す
るが、それに競合他社の価格設定、代替品の価格、お得感の価格な
ど消費市場の動向を考慮して決める。いずれにせよ、顧客・消費者
の購買動機を刺激・充足する価格設定にする必要がある。

　さらに、マーケティングとしては、プロモーションがある。すな
わち、顧客・消費者に製造したモノ・サービスを広告・宣伝・告知
して、販売促進する取組・活動である。これには、テレビ・ラジ
オ・新聞・雑誌などのマスメディアを通じての販促・宣伝・広告、
またダイレクトメールによる個別の販促、各種イベント開催による
販促、ネットやSNS利用の販促など、さまざまな方法がある。

　総じて、プロモーション（販売促進）とは、顧客・消費者の購買
意欲を刺激するための「マーケティング・コミュニケーション」で
ある。現代社会では、情報メディアは多様化しており、顧客・消費
者のライフスタイルも多様化しているので、販売促進のコミュニ
ケーションの形式・内容もまた多種多様化している。

　さらに、マーケティングとしては、顧客・消費者の購入したモ
ノ・サービスをどのような配送ルート・チャネルを通じて届けるか
の問題がある。近年の少子高齢化の進展や共働き世帯の増加などで
ライフスタイルが多様化し、モノを注文・受領・入手するチャネ
ル・方法についても顧客ニーズが多様化している。近年では自宅の
パソコンやスマホを通じて注文・決済し、それを自宅で受領する
「宅配」「個配」のシステムが広く支持されて主流になりつつある。

　以上のような一連のマーケティングの取組・活動の組み合わせ
（マーケティングミックス）を通じて、顧客・消費者のニーズ・欲求
に応えるモノ・サービスを、企画・開発・製造・販売・提供・配

送・納品することになる。これらのマーケティングの取組・活動は、顧客・消費者のニーズ・欲求・動機に応えて顧客満足度を高め、購買意欲・購買活動を獲得・強化しようとする環境適応のマネジメントの典型である。

●組合員の購買動機の満足なくして購買意欲・購買活動は強化しない

日本生協連の「組合員満足度調査（2018 年）」によれば、生協の組合員でありながらも、生協の提供する商品を「ほとんど購入しない」「まったく購入しない」組合員が、実に全体の約 57 ％を占めるに至っている。このような事態は、ひとえに生協の提供するモノ・サービスが、組合員のニーズ・欲求に適応していない証左であり、すみやかに克服・改善されねばならない。

それには、「市場調査」「マーケティング・リサーチ」「プロダクトプランニング」「セールスプロモーション」「プライシング」など一連のマーケティングの取組・活動を全面的に改善・強化し、組合員のニーズ・欲求を正確に識別・評価して、購買意欲・購買活動を獲得・強化することが求められる。とともに、とりわけ若い世代を中心にした新規の組合加入を促進して、「新たな顧客層を取り込むといったマーケティング戦略が必要とされている」（日本生活協同組合連合会専務理事・矢野和博）。

日本生協連の調査（2018 年）によれば、組合員満足度の低い項目は「商品の価格」と報告されている。これが主な原因で組合員の過半数が生協をほとんど（まったく）利用しないのであれば、すみやかに「プライシング」を根本的に再検討しなければならない。組合員のニーズ・欲求を詳細に分析・評価し、事実判断に基づき戦略的

な意思決定として価格を再設定（低価格化）しなければ、利用額（供給額・事業高）が増えることはない。速やかに対策を講じなければ、競合するスーパーなどの事業組織にますます多くの組合員が顧客として奪われるであろう。

　生協組織がマーケティングの取組を根本的に改善するには、組織内に蔓延する「経験とカン」「古い考え方」を速やかに克服・止揚し、すべての職場においてマーケティング論の学習・研修が急務であろう。また現場で働く労働者・従業員も、日常的に接する個々の組合員の苦情・要望・ニーズ・欲求に耳を傾けて、それに対応して販促・接客せねばならない。言うまでもなく、すべての生協組合員に「満足」を届けることが、生協組織の全体の共通課題であり、すべての生協従業員の基本的な職務であろう。

●生協組織は組合員の多様化したニーズに多様に応えているか

　組合員が顧客・消費者として、何をなぜ購買するのか、その購買動機はライフスタイルの多様化とともに大きく多様化している。ある人は「値段は高いが品質・性能が良いので決めた」と言うし、またある人は「環境に優しい商品なので決めた」と言う。また別の人は「とにかく値段が安いので決めた」とも言う。現在のように、実質賃金が上がらず、世帯別収入が減少し、節約志向が強化されている時代では、同程度の品質・性能・機能の商品なら「少しでも安いモノを購入したい」のかもしれない。

　このように、組合員の購買動機が多様化しているので、生協組織が供給額・事業高を増やすには、多様化した組合員の購買動機を多様に充足するしかない。個々の組合員からすれば多様な選択肢があ

るほど、自分の動機・ニーズ・欲求に合うモノ・サービスを選択・入手できる。かつて、某企業が全国紙上にて「お客様のわがままにすべてお応えする」というキャッチコピーの全面広告を出していたが、それを現代経営学の視点で「翻訳」すれば、「顧客・消費者の多様なニーズにはすべて多様にお応えする」という意味である。

　もちろん「多様化」と言っても、単に「店頭に並べる品揃えの数量を増やす」という意味ではない。かつて、流通小売業界では日本一の規模を誇った某総合スーパーは、「店頭にはなんでもあるが欲しいモノがない」と揶揄されていた。そして、同社の事業は、時代の急速な変化や顧客・消費者のニーズ・欲求の変化に対応・適応できず、ついにタイタニックのように「沈没」「倒産」したことは有名である。

　多様化したニーズを多様に充足するには、個々の顧客・消費者の独自的な価値に対するニーズ・欲求をよく見極めて、そのニーズに適応・合致する差別化された商品を、多様に開発・提供することが必要である。とくに生協の場合には、組織化された組合員というニッチ市場において、生協ならではの理念・哲学を実現する独自の価値あるモノやサービスの提供が不可欠であろう。

　近年の大規模ネット通販業の登場は、膨大な品揃えでフルライン戦略もニッチ戦略もすべてを飲み込んでおり、消費者の多種多様なニーズ・欲求に応える点では、消費市場における圧倒的な競争優位性をもっている。

　このような厳しい事業環境の中で、生協組織が組合員の多様化したニーズに応えて生き残るには、マーケティング活動を強化・改善するだけでなく、全体の事業運営のあり方・考え方・ビジネスモデルを、抜本的に再検討・再構築・イノベーションするしかない。

⑧ 生協組織と従業員満足度

●人間の内面を動機づけヤル気を引き出す要因とは何か

　レストランに出向いて好みのメニューを注文したとき、出された料理が「おいしい」と感じたら、アッという間にたいらげて、ときには「お代わり」を注文することもある。店を出るときは、大いなる満足感に満たされ、レジで支払った金額のことも気にならず、「また来よう」と思う。つまり、レストランでは提供する「料理のおいしい」ことが、顧客の「食欲を満たす」必須の条件である。

　もともと人間の行動とは、欲求充足（動機満足）のプロセスであるから、充足度（満足度）が高ければ、それだけモチベーションは高揚する。つまり料理が「おいしい」「味が良い」ことが、「食べる」という行為を直接に動機づける要因（満足要因）であり、「もっと食べたい」「お代わりがしたい」「また食べに来たい」に作用する。

　仮に、提供される料理が、陶器の器ではなくてプラスチック製の安物の容器に盛り付けられ、料理の価格が想定外に高ければ、顧客としては「不満足」である。したがって、プラスチック容器ではなく高級な有田焼の皿に盛り付けて、料理の価格が低価格であれば、確かに顧客の「不満足」は生まれない。しかし、器が高級な有田焼であり、価格が低額だからと言っても、それで「顧客の食欲満足度が高まる」わけでなく、「もっと食べたい」「お代わりがしたい」「また食べに来たい」に作用するわけではない。

　なぜなら、盛付ける器や料理の価格は、あくまでも料理の周辺的な問題であって、「食べる」対象物でなく、直接に「食欲」を刺激

して「食べる」行為を動機づける要因（満足要因）ではないからである。それらは、不十分であれば、たしかに「不満足」をもたらすが、十分であっても顧客の食欲満足度を高めるわけではないし、「お代わりをしたい」「また食べに来たい」に作用する要因ではない。器や価格は、あくまでも顧客の「不満足」に作用する「不満足要因」であり、それは「衛生要因」と呼ばれている。

●職場の仕事が楽しく面白くなければ従業員満足度は向上しない

　従業員についても同じことが言える。従業員にとって勤務先での「仕事が楽しくておもしろい」「仕事を通じて自分は成長した」「仕事に生きがいを感じる」「仕事にやりがいを感じている」のであれば、当人の職務遂行上の動機は大いに満足（職務満足）する。そして、仕事をすることで充実感・達成感・成長感に満たされ、内面のヤル気・モチベーション・勤労意欲は大いに高揚する。

　このように、仕事・労働・職務の遂行過程において、従業員の動機が満足（とくに自己実現欲求が充足）するのなら、それだけヤル気・貢献意欲は高揚して、共通目的に対する貢献活動は強化される。ここに「従業員満足度（職務満足度）」の向上を重視する根拠がある。

　逆に「仕事が楽しくない」「仕事がおもしろくない」「仕事が充実していない」「仕事が単調で成長することがない」「仕事に生きがい・やりがいを感じない」のであれば、職務遂行過程における従業員の動機の満足度（欲求充足度）は低下する。その結果として、当人のヤル気・モチベーション・勤労意欲が大きく低下して、「仕事は最低限のことしかしない」「言われたことしかしない」「給料をもらうためだけに働いている」「余計なことは一切しない」「良い職場

があれば移りたい」ことになる。

　つまり、個々の従業員の内面を動機づけて勤労意欲・貢献意欲を高める要因（満足要因）とは、あくまでも仕事・職務・業務の遂行過程（貢献活動）における動機の満足（とくに自己実現欲求の充足）であり、その結果としての成長感・達成感の充実である。つまり従業員にとって職務満足こそが「動機づけ要因」（満足要因）である。

　したがって、たとえば勤務先のオフィスビルが老朽化してトイレが汚いことは、たしかに従業員に不満足をもたらすが、さりとてビルを新築してトイレを最新のウォシュレットに取り替えても、そのことで従業員の貢献意欲・モチベーションが高揚するわけではない。それで「仕事が楽しくなりヤル気がでてきた」「仕事に生きがい・やりがいを感じて一生懸命に働くようになった」「仕事に充実感・達成感・成長感を得られた」ことにはならない。

　なぜなら、従業員にとっては、ビルやトイレは職務遂行の対象ではなく、あくまでも職務・仕事の周辺的な問題であり、当人の内面を動機づける要因（満足要因）ではない。ビルやトイレなどは、それが古くて汚いのであれば、確かに従業員に「不満足」をもたらすが、さりとて新しくて綺麗であるからといっても、職務満足をもたらすことはない衛生要因（不満足要因）だからである。

●従業員満足度の低い職場における共通した「勘違い」

　一般に、従業員満足度（職務満足度）の低い生協組織に共通する特徴は、経営者・組織リーダーの措定する人間モデルが、暗黙の前提として、古典派経営学の措定する経済人モデル・他律人モデル（他律的な行為主体）である。

　ここでは、個々の従業員は基本的には共通目的の達成のための道具・手段として扱われており、経営者が指示・命令をすれば機械的・他律的に動いて業務遂行し、「成果」をあげることが当然視されている。

　ここでは、経営者の構想した業務の遂行計画（Plan）を、いかに現場の従業員に周知徹底して遂行（Do）させ、いかに成果を点検・評価（Check）するかなど、ライン系統の指示・命令・点検・注意・指導・統制・評価が主要な課題にされている。

　すなわち、全体主義的・集団主義的・画一主義的な組織風土のもとでトップダウンが重視され、いわゆる「構想と実行の分離」の組織マネジメントが展開される。

　ここには、個々の従業員の内面を動機づけて貢献意欲・貢献活動を獲得するという動態的な発想がない。つまり、従業員の職務遂行過程における自己実現欲求や成長欲求をいかに充足するか、従業員の自律性・自発性・裁量性をいかに重視するか、などの環境適応のマネジメントの視点がない。したがって、「動機付け論」「モチベーション論」などについては念頭にない。

　このように、経営者が、従業員の動機づけ要因（満足要因）に着目しないので、しばしば条件・施設・給与・政策などの職務周辺の衛生要因（不満足要因）に注目して対応する。

　つまり、「従業員には多くのカネさえ出せばしっかり働くはずだ」「給与さえ多く支払えば従業員の満足度は向上するはずだ」「多くの給与さえ出せば人材は確保できるはずだ」というように、「衛生要因」（不満足要因）に着目して対応しようとする。その結果、経営者・組織リーダーの主観的な意図に反して、従業員満足度（職務満足度）は少しも向上しない。

●従業員満足度の向上なくして貢献意欲・貢献活動は
獲得・強化できない

　現代社会では、いかなる組織でも、個々の組織成員の共通目的に
対する貢献意欲の程度は、職務・仕事・労働など貢献活動における
自己実現欲求・成長欲求の充足度（動機満足度）に正比例している。
政治的民主主義がある程度に成熟し、自律人・自己実現人モデル
（自律的な行為主体）を前提にする時代（および社会）においては当
然である。

　それゆえ、従業員満足度を向上させ貢献意欲・貢献活動を獲得・
強化するには、従業員の仕事・職務・業務の遂行過程（貢献活動）
における自己実現欲求の充足（動機満足）を追求することが不可欠
である。つまり、「仕事が楽しい・面白い」「仕事を通じて自分は成
長した」「仕事に生きがい・やりがいを感じている」など、職務満
足度の向上である。

　ここから、多くの企業組織においては、従業員の職務遂行の過程
（仕事・労働など貢献活動）に「自己実現欲求・成長欲求の充足」と
いう「動機づけ要因（満足要因）」を組み込む「組織開発」「職務再
設計」を推進している。そして、「職務充実」「職務拡大」「職務交
換」「目標による管理」「小集団管理」「カイゼン活動」「QCサーク
ル活動」「全員参加型経営」「逆ピラミッド型組織」「学習する組織」
などの考え方・取組・制度を開発・構築・導入している。

　これらの取組・制度は、いずれも組織の共通目的の達成過程（貢
献活動）が、同時に個々の組織成員の自己実現欲求・成長欲求の充
足過程になること、換言すれば「業務運営における有効性と効率
性」の一体的な実現の追求である。

●求められる「従業員満足と組合員満足」の同時的な向上

　店舗事業や個配事業のように、従業員・労働者が直接に組合員（顧客・消費者）と接する業務・職場においては、従業員の接客・対応・販促などの職務遂行の適否・良否が、そのまま組合員の購買動機の満足度に影響し、購買意欲・購買活動の強弱に大きく作用する。したがって、従業員は組合員の購買動機・欲求・ニーズをたえず聴き出して、それに適応する「誘因を提供」して、購買という「貢献を獲得」しなければならない。

　従業員としては、適切なる対応・接客により組合員を購買行動に導いたならば、自分の職務遂行（接客・販促・応対）における動機は大いに満足する。つまり、「組合員に喜んでもらったので、自分の仕事にやりがいを感じている」「組合員満足度の向上が、従業員としての自分の満足度の向上である」となる。

　そして、従業員満足度に比例して職務遂行（接客・販促・応対）のヤル気・モチベーションが向上し、「もっとお客さんに喜ばれる仕事をしたい」「もっと顧客に満足してもらえる仕事がしたい」「もっといい仕事がしたい」に作用する。

　したがって、組合員の購買意欲・購買行動を獲得・強化するには、従業員満足度の向上が不可欠である。仮に従業員の職務満足度が低ければ、接客・対応・販促などの職務遂行の意欲が向上せず、それでは組合員の購買意欲・購買活動を獲得・強化することはできない。それゆえ、従業員が直接に組合員に接する職場では、組織リーダーのマネジメントの根幹は、「組合員満足度（C.S.）の向上」と「従業員満足度（E.S.）の向上」との同時的な実現である。

⑨ 生協組織と目標管理

●なぜ自分でプランした旅行は楽しいのか

　誰でも自分でプランした個人旅行に出かけることは実に楽しい。観光ガイドブックをペラペラとめくりながら、かねがね行きたいと思っていた景勝地を選び、その道順・ルートや移動の手段・方法などを吟味・検討し、誰と行くか、どこで何を食べるか、お土産に何を買うか、アレコレと思いめぐらし、行動プランを具体化するときは実に楽しい。

　出発当日は、ワクワクした高揚した気分で家を後にする。憧れの地に着いたら、行きたかった名所・旧跡をアチコチと訪ね、目的地に向かう長い石段も急な坂道も苦にならず、心地よい汗とともに登ることであろう。眼下に広がる非日常の景観を堪能したり、ガイドの説明を聞いて知識が広がったり、新しい出会いに感動したり、温泉の大浴場に身を沈めて大いに充実感・満足感にひたる。そして、帰路につくときには、心も体もすっかりリフレッシュした自分を発見し、満たされた気持ちになり、「また来たい」と思う。

　このような旅行が「楽しい」のは、全行程が自分の内発的な欲求に基づく目標・目的を実現するプロセスだからである。つまり、自分で決めたプラン通りに行動・実行して、欲求充足・動機満足するからである。

　それに対して、楽しくない旅行の典型例は「社員旅行」のように半ば義務的に参加するお仕着せのパック旅行であろう。仮に参加しなければ、「協調性がない」「人付き合いが悪い」とも言われかねな

い。そんな旅行が楽しくない理由は、なによりも、「行き先」「ルート」「参加者の顔ぶれ」「宿泊先」などを他人が決めており、しかも、その多くは自分の期待に反した内容であり、それに従うことを余儀なくされるからである。

　つまり、そんな旅行に出かけても、自分の自発的・内発的な欲求・動機が少しも充足・満足せず、自分の想い・目的・目標が少しも達成・実現しないからである。ここに、「楽しい旅行」と「楽しくない旅行」との分岐点があるだろう。

●職場の仕事を面白く楽しくするための不可欠な条件

　もしも、勤務先の毎日の職務遂行が、個人旅行のように自分の欲求に基づいて目標を決めて達成・実現できれば、実に楽しく面白く働くことができるであろう。朝の出勤時には高揚感に溢れ、職場でもモチベーション高く、終日過ごせるであろう。

　人間の欲求は、大別すると生存欲求、関係欲求、成長欲求などがあり、それぞれの欲求に基づいて、設定した目的・目標の実現を目指して行動している。

　生存欲求とは、生きてゆくための衣食住の欲求であり、貧しい発展途上国の多くの人々は、この最も基本的な低次の欲求の充足を目指して懸命に働き生きている。

　関係欲求とは、「周囲の皆と仲良くしたい」「皆から仲良くされたい」「皆から認められたい（承認欲求）」など、人間関係上の社会的欲求のことである。人間が集団・組織・協働の中で生きている以上は、当然に生まれる欲求である。

　成長欲求とは、自分の潜在能力を開発して「なりたい自分になる

欲求」「自分の理念や価値観を実現する欲求」のことであり、自己
実現欲求とも言われる。

　一般に、高度に発達した豊かな先進諸国では、衣食住の欲求（生
存欲求）よりも、自己実現欲求の充足を求める人間が多いので、そ
こでは自己実現人モデル（自律的な行為主体）を前提にして、組織
マネジメントを展開している。つまり、組織目的の達成過程（貢献
過程）が、同時に個々人の自己実現欲求の充足過程にする組織マネ
ジメントである。

　すなわち、従業員の職務遂行における行動目標や達成手順などに
ついては、個々の従業員の欲求・動機に基づいて意思決定し、それ
を各自の自己管理により実行・執行・遂行させる組織マネジメント
である。そこでは、従業員の仕事・職務は、限りなく自己実現欲求
を充足する過程になり、まるで個人旅行のように楽しく・面白く、
生きがい・やりがいを感じることができ、モチベーションは大いに
高揚し、労働生産性も向上するであろう。

　京都の某企業が社是社訓に「おもしろおかしく」と定めているの
は、「従業員は仕事を通じて自己実現欲求を充足せよ」という意味
である。同社の組織マネジメントは、前述の「楽しい個人旅行」の
ように、基本的に従業員の「欲求と目標」の実現を重視しているの
であろう。このような社是社訓の設定は、同社経営者の組織マネジ
メントに関する知識・知見・能力の卓越性を示している。

●モラールアップには「欲求と目標」の自覚が不可欠である

　一般に自律した人間の行動には、欲求・動機とともに目標・目的
が不可欠である。たとえば、「旅に出たい」という欲求（動因）だけ

では単なる夢・願望であるが、「京都の清水寺を参拝したい」と目標（誘発因）が明確になって初めて具体的な行動・行為が生まれる。

　「腹が減った、何か食べたい」だけでは単なる「欲求」の表明であるが、何を食べたいのか「目標」が明確でなければ、食べるという行動・行為は生まれない。ラーメンにするのか、牛丼にするのか、食べる対象・目標を決めねばならない。仮に「牛丼」に決めたら、それを自宅の厨房で調理して食べるのか、それとも吉野家に出向いて食べるのか、目標達成の手順・方法も決めねばならない。それらがすべて確定して、初めて「吉野家に出向いて牛丼を食べる」という一連の食欲充足の行動・行為が具現化する。

　このように、自分の欲求・動機に基づく目標・目的の設定（および手段・方法の決定）は、自律した人間が行動する際の不可欠な条件である。つまり、人間行動とは欲求充足のプロセスであり、同時に目的達成のプロセスであるが、欲求と目標の両者が一体化して、強く自覚されているときに、高いモチベーションが生まれる。

　それゆえに、入社試験の際に面接官が「あなたはわが社で何を（目標）したい（欲求）のですか」という質問は、当人のモチベーションのレベルを判定・確認する意味では理にかなっている。この質問に対して、明快に自分の目標を言うことができれば、自律度の高いヤル気のある人物だといえるだろう。

　また小中学校では、しばしば卒業文集に「将来の夢」を書かせているが、これは「大人になったら何に（目標）なりたい（欲求）のか」を自覚させることであり、卒業後の人生を自分の立てた目標に向かって元気に歩んでほしい、という学校側の教育的な意図であろう。明確なキャリア意識があれば、どんな学校に進学し、どんな勉強をすればいいのかも明らかになり、本人のヤル気・モラールも高

まることだろう。

　営業担当者の多い職場では、しばしば朝礼のときに、組織リーダーが「皆さんの本日の行動目標を一言ずつ発表して下さい」と言うのも、ヤラサレ感で営業活動するのではなくて、自分の目標を明確にして自主的・主体的に行動することを動機付けするためである。営業担当者たちは、朝礼時に自分の行動目標を自覚することで、モラールを高めて営業に出向くことであろう。

●非定型的な業務に求められる「目標管理」という手法

　職場の労働者・従業員のヤル気・モラールの向上のために、各自の「欲求と目標」を自覚させることは不可欠であるが、工場現場で定型的業務に従事する労働者の場合と、間接部門などで非定型的業務に従事する労働者・従業員の場合とでは、事情が大きく異なっている。たとえば、営業担当者の場合には、業務内容は非定型であり、また「勤務」時間も不明確であるので、そこには固有の組織マネジメントが求められる。

　ロボットやオートメーションが支配する工場現場では、多くの場合、大規模な分業・協業のなかで定型的な仕事・作業をするから、そこで働く個々の労働者の行動目標は、おおむね技術的・機械的な論理で決められている。

　たとえば、クルマのアッセンブリラインで働く労働者は、自分の作業範囲は明確であり、朝いちばんにラインが動き出したら作業を始め、夕方にラインが止まるときに作業を終える。したがって、自分だけ残業して他の人より多くのクルマを作ることはできない。つまり、自分の行動目標を自分で決めることはできない。

　しかし、営業・企画・研究開発などの非定型的な業務に従事する労働者の場合には、事情が大きく異なっている。営業担当者は、顧客という相手のある仕事であるから、朝から晩まで飛びまわっても契約の成立しない月日が続くかと思えば、日頃の努力が実って契約成立が連日続くこともある。また予定の営業先で契約が成立する場合もあるが、帰宅途中に立ち寄った喫茶店での雑談の最中に契約が成立することもある。

　営業担当者のように、業務内容が非定型であり、労働時間も厳密に確定し難い場合には、当人の仕事の行動目標を決めるには、固有の工夫が必要である。

　その際に、組織リーダーが「君の今月のセールス目標は000だ」というように、トップダウンで行動目標を押し付けることもできる。しかし、自律的な行為主体にとっては、自分の仕事の数値目標や達成手順は、自分で納得して決めた方が、はるかに達成意欲も高揚する。つまり、上司が権限をふりまわし部下に数値目標を押し付けても、当人のヤル気・勤労意欲は生じない。

　かくして、「君の今月のセールス目標は自分で決めなさい」「自分で掲げた行動目標は自分で計画立案して達成したまえ」というマネジメントが登場する。もちろん、従業員が非現実的な数値目標を設定した場合には、組織リーダーの助言・コーチングが不可欠だが、あくまでも当人の自主性・自発性・自律性を重視することが最大のポイントである。

　このように、個人の行動目標や達成手順の設定を基本的に本人に任せ、業務の遂行を自己管理させる方法は、一般に「目標管理」「目標による管理」「MBO」とよばれており、今日では多くの事業組織において、広く普及している。

●「目標管理」とは働く人の自律性に依拠する自己管理である

　「目標管理」「目標による管理」は、先に見た「楽しい個人旅行」のように、「構想と実行」を統合する組織マネジメントである。これはマグレガーやドラッカーなどが開発・考案したものであるが、その考え方の基礎には、バーナード組織論のパラダイムがある。

　バーナードは、主著『経営者の役割』において、組織活動の存続・発展の条件は「組織目的の達成」（有効性）と「組織成員の動機の満足」（能率・効率性）が不可欠とした。

　つまり、いかなる組織活動であろうと、掲げた目的・目標が達成できなければ存続・発展できないが、その目的・目標を達成するには、個々の組織成員が意欲をもって目的達成に貢献することが不可欠である。そして、組織成員の貢献意欲・貢献活動の程度は、目的達成の貢献過程における動機満足度に依存している。

　かくして、組織活動を存続・発展させるには「組織目的の達成」と「組織成員の動機満足」を統合・一体化すること、すなわち組織目的の達成過程（貢献過程）に個々の組織成員の動機満足の過程（とくに自己実現欲求の充足過程）を組み込むことが不可欠である。

　ここから、「目標管理」「目標による管理」という仕組・考え方・制度が生まれる。

　すなわち、従業員の職務上の行動目標（および達成手順）を、上司が決めて押し付けるのではなく、個々の従業員の自主性・自発性を尊重して本人に決定させ、その遂行過程を本人に自己管理させることで、組織活動の共通目的に対する貢献意欲・貢献活動を獲得する制度である。

　マグレガーの説明によれば、「目標による管理」とは「組織と個人の統合を促進すること」である（『企業の人間的側面』第 2 部第 5 章）。すなわち、「部下が企業の目標に向かって努力することにより自分自身も最大に自己の目標を達成できるような環境を作り出すこと」（前掲書、69 ページ）であり、組織の共通目的と個々の組織成員の目標・目的とを統合することである。

　また、ドラッカーは次のように説明している。「目標による管理の最大の利点は、職務従事者が自らの仕事ぶりを自ら管理することを可能にすることにある。自己管理することにより、仕事を適当に流すのではなくて最善を尽くしたいという強い意欲がもたらされる。さらに自己管理により、仕事の目標はより高くなり視野もより広くなる。したがって目標による管理は、マネジメントの方向付けや仕事との一体性のためには不要だったにしても、自己管理を可能にするためには必要である」。つまり、「目標による管理の果たす最大の役割は、支配によるマネジメントを自己管理によるマネジメントに置き換えることを可能にするところにある」（『現代の経営』第 2 部第 11 章）。

　これが「目標管理」の理論であり、最大のポイントは、従業員の職務上の行動目標の設定と実行を、当人の自主性・主体性に任せ、自己管理させることで貢献意欲を獲得する点である。

●現代経営学の無理解による「目標管理の誤った運用」

　一部の経営者は、マグレガーやドラッカーなどの組織理論（現代経営学）を正確に理解しておらず、そのために、「目標管理」の趣旨・意義・目的を誤解して、しばしば誤った制度の運用をしている。

　そこでは、経営者が全体計画として設定した数値目標を、機械的に各支店に分割・配分し、それを受けた各支店長は配分された数値目標を、さらに機械的に再分割して部下の従業員に個別に再配分し、それを「目標管理」の名のもとに競争的に達成させることが平然と行われている。

　これでは、マグレガーやドラッカーの言う「目標管理」とは、似て非なるものであり、単なるトップダウンのノルマ主義のマネジメントである。もはや、自己実現人モデルを前提にした現代経営学の考え方ではなく、他律人モデルを前提にした100年前の古典派経営学の考え方に退化している、と言うしかない。

　上司が決めた数値目標・ノルマを部下の従業員に分割・配分・押し付け、その目標達成に成果主義的に追い立てる方法では、従業員の達成意欲・モチベーションは高揚することはない。達成する数値目標を設定する際には、行動する本人の自主性・自発性を尊重し、その意思決定の過程を媒介させねばならない。数値目標の設定に本人の納得感（主体性の関与）がなければ、目標を達成する意欲は高揚しない。

　従業員をノルマ主義・成果主義で追い立てれば、そこには「つじつま合わせ」「数字合わせ」「見た目だけの数字上の成果」「自爆営業」「自腹営業」が生み出される。その結果、職場には「倫理崩壊」が広く蔓延するが、その惨憺たる状況は「かんぽ生命」の事例を引き合いに出すまでもない。すでに、「資生堂」をはじめ多くの先進的な企業では、上から押し付ける「ノルマ」を撤廃している。

　いまだに、トップダウンのノルマ主義に拘泥する生協組織があるとすれば、そのような時代錯誤的な考え方（古典派経営学の残滓）は、速やかに克服・止揚されねばならない。

❿ 生協組織とリーダーシップ

●優れたリーダーシップとは優れた人格的資質のことか

　生協組織のみならず、どんな組織でも役員交代の時期が近づくと次期代表の顔ぶれについての「うわさ話」が、アチコチで繰り広げられる。もっとも「世襲」が支配する組織の場合では、個人の「意欲や能力」に関係なく次期代表が決まるので、落胆と失望はあってもうわさ話で盛り上がることはない。

　しかし、政治的なパワーバランスや「選挙」で次期代表が決まる組織の場合には、うわさ話は「選挙対策会議」も兼ねて大いに盛り上がる。そして、選出が予想される人物を勝手に取り上げて、その出自・学歴・経歴・人柄・資質などを、勝手に比較・検討・論評しながら、居酒屋での「酒の肴」にすることは珍しくない。

　「A氏は、物腰も柔らかくて周囲に目配りが効く人物だが、自分の見識・信念もなく、忖度・風見鶏の行動をするので、その点が気がかりだ」

　「B氏は、部下をぐいぐいと強引に引っ張る人物だが、気配りが効かず、性格が暗く、人間味が薄いので、その点が気がかりだ」

　「C氏は、人当たりが良くて気の利く人物ではあるが、上昇志向が強く、権力者に媚びへつらう巧言令色の茶坊主なので、その点が気がかりだ」

　「D氏は、部下の仕事にコト細かく指示をする几帳面な人物だが、いつも完璧を求めて口うるさいので、その点が気がかりだ」

　「E氏は、部下には自由に仕事をさせる豪放磊落な人物だが、自

分の信念・見識があるとは思えず、その点が気がかりだ」

「Ｆ氏は、口数は少なく自分の哲学・信念に基づいて率先垂範に働く人物だが、人間関係や視野が狭いので、その点が気がかりだ」

「Ｇ氏は、体つきも堂々として恰幅も良く、押しも強くて、見るからにトップ役員の風貌だが、自分の見識・信念がないので、その点が気がかりだ」

これらの「うわさ話」に共通する内容は、おおむね当該人物の人柄・性格・風貌・気質など人格的な資質・特性に集中している。そこには、暗黙の前提として「リーダーシップの良否は人柄・性格・風貌など人格的な資質の問題だ」という考えが潜んでいるのかもしれない。

●リーダーシップ資質論は古典的なクローズドシステムの考え方

優れたリーダーシップを語るときに、リーダーの人柄・性格・風貌など人格的な資質の問題を中心にすえる議論のことを、経営学では「リーダーシップ資質論」と呼んでいる。結論を先取りすれば、この種の議論は、古典的な考え方として現代ではほとんど支持されていない。

この種の議論が、かつて一時期において支配的なリーダーシップ論として存在していたのは、それなりの歴史的な根拠があった。つまり「資質論」は、組織の中の個人を他律人モデル（他律的な行為主体）として措定する「構想と実行の分離」のマネジメント（古典派経営学）の時代の産物であった。

そこでは、トップが指示・命令をすれば、部下・フォロアーは言われた通りに機械的・他律的に労働・職務・仕事をして一定の成果

を生むことが、暗黙の前提にされていた。仮に部下が指示・命令通りに労働・仕事をしなければ、「強制」的に働かせることが、組織リーダーの職務とされていた。

したがって、リーダー像を論じる際には、「押しが強い」「恰幅がいい」「堂々としている」「目配りできる」「几帳面だ」「豪放磊落だ」「気が利く」「哲学・信念がある」「人当たりが良い」など、組織リーダーの身に備わる個人的な資質・性格・人柄・風貌などの「良し悪し」「適否」を論じれば、それで十分であった。

ここでは、指示・命令される部下・フォロアーの側の内面の動機・欲求や、さらに部下を取り巻く職場環境・組織風土などの状況要因・環境要因については、何も考慮されていないし、考慮を払う必要性についての認識もなかった。つまり、組織リーダーがどのような対応・態度を採用すれば、部下の勤労意欲・モチベーションが向上して、労働生産性が上がるのか、そのような発想は当初より視野の外であった。

したがって、「几帳面な人物」が優れたリーダーなのか、それとも「豪放磊落な人物」が優れたリーダーなのか、この問題についての回答は、状況要因から切断・隔離された「リーダーシップ資質論」からは導き出すことはできない。

●リーダーシップとは状況要因に合わせる環境適応のマネジメント

確かに、新入社員のように業務の右も左も分からぬ人物にとっては「細部にわたりコト細かい指示をする几帳面なリーダー」は、「面倒見が良くて世話好きのありがたい存在」であり、当人の勤労意欲は大いに高揚するかもしれない。その点で「具体的な指示を何

もしないリーダー」は、当人にとっては、「上司に相応しくない最悪の人物」であろう。

　しかし、入社30年目の仕事に熟達したベテラン社員にとっては、「コト細かく具体的な指示をするリーダー」は、いちばん面倒くさい嫌悪する存在であり、指示される当人の勤労意欲は大いに低下することはあっても、高揚することはない。その点で「自由に仕事をさせてくれる豪放磊落なリーダー」は、当人にとっては、「いちばん素晴らしい上司」であり、勤労意欲・モチベーションも大いに高揚する。

　つまり、組織リーダーの「コト細かい指示」は、自律度・成熟度の低い部下・フォロアーにとっては貢献意欲の向上に不可欠だが、自律度・成熟度の高い部下・フォロアーにとっては、むしろ貢献意欲の阻害要因である。

　とすれば、組織リーダーの、どのような対応・態度が優れており、部下のモチベーションの高揚に効果を発揮するかについては、一概には言えず、すべて状況次第である。すなわち、「部下・フォロアーの自律度などの状況要因」と「組織リーダーの対応・態度」が適応・マッチングしているかどうかに関係している問題であり、もはやリーダーの身に備わる人格的な資質・性格・風貌の優劣・良否の問題ではない。

　したがって、優れたリーダーシップとは、部下・フォロアーの自律度などの状況要因に適応した態度をとり、貢献意欲・モチベーションを引き出せる能力のことである。このような議論を、現代経営学の世界では「リーダーシップ状況適応論」（環境適応のマネジメント）と呼んでおり、現代ではもっとも一般的・支配的な議論になっている。

　もはや、「リーダーシップ資質論」は伝統的な古い議論（古典派経営学）として、ビジネス界でも経営学界でも支持されておらず、標準的な経営学教科書に登場することもない。

●組織リーダーが調整・適応すべき部下を巡る状況要因とは何か

　いかなるリーダーシップでも、それが「部下・フォロアーを巡る状況要因」に適応している限り効果を発揮する。すなわち、「部下・フォロアーの自律度・成熟度」さらに「仕事の構造化の程度」「部下・フォロアーとの信頼関係の程度」などの状況要因に、組織リーダーの採る対応・態度が適応しているかどうかで、リーダーシップの効果の有無が決まる。

　「部下の自律度・成熟度」のレベルを、低位から高位への順にモデル化して言えば、次のように段階区分できる。①責任を負う気もないし能力もないレベル（最低位）、②責任を負うことには積極的だが能力がないレベル、③能力は十分にあるが責任を負おうとしないレベル、④責任を負うことにも積極的で能力もあるレベル（最高位）である。

　このような区分を、現実の中で厳密に識別することは困難であるが、組織リーダーはつねに部下・フォロアーの自律度のレベルの差異を、念頭に入れて対応する必要がある。

　また「仕事の構造化の程度」とは、仕事の進め方・手順・方法など、行動の規範・規則の厳密度・緻密度のことであり、それは職場の特性により大きく異なっている。組織リーダーは、この点も考慮して部下に対応せざるを得ない。

　たとえば、「新聞社の記者の職場」はいつどこで何が起こるか分

からぬ事件・事故を24時間追いかけて、ニュース記事にする職場
であり、そこでは仕事の手順を事前に詳細・厳密に決めることも困
難であり、おのずと仕事の構造化の程度は低くなる。

それに対して「拘置所の刑務官の職場」では、詳細緻密な規則・
基準を厳密に遵守して、組織的・画一的に行動することが求められ
るので、仕事の構造化の程度はきわめて高い。このように、職場に
よって仕事の構造化のレベルが異なるので、組織リーダーはその点
を念頭に入れて、部下・フォロアーに対応する必要がある。

さらに、「部下・フォロアーとの信頼関係の程度」も考慮しなけ
ればならない。たとえば、深い信頼関係が構築されている成熟した
職場と、会社を立ち上げて間もなく信頼関係も十分に構築されてい
ない職場とでは、効果的な組織リーダーの対応・態度は大きく異な
る。信頼関係が十分に構築されている職場の場合には、部下・フォ
ロアーはリーダーの指示・命令を「受容」しやすいが、そうでない
ときには部下・フォロアーの受容も困難であり、丁寧なコミュニ
ケーションは不可欠である。

組織リーダーは、常に以上のような職場の状況要因の差異を識別
し、それにマッチングした対応・態度を採用することが不可欠であ
る。うまくマッチングし、部下・フォロアーのモチベーションを高
揚させているリーダーシップは効果的であり、それがベストのスタ
イルといえる。

●リーダーシップのスタイルには4つの基本モデルがある

リーダーシップのスタイルは、組織リーダーが「仕事志向」なの
か、「人間志向」なのか、その比重の置き方の組み合わせにより、

下記のように「４つのモデル」に分類・区分される。

①教示的リーダーシップは、部下・フォロアーに対して仕事の役割・計画・目標および達成の方法・手順などを具体的に教示する。

②説得的リーダーシップは、部下・フォロアーに多くの指示を出すが、心理的な抵抗なしに指示を受容するように説得する。

③参加的リーダーシップは、部下・フォロアーがある程度の業務上の知識・能力を具備していることを前提にして、リーダーとともに意思決定に参加させる。

④委任的リーダーシップは、部下・フォロアーの仕事については権限・責任を大幅に委譲しており、管理・監督はゆるやかに行う。

　これら４つのリーダーシップスタイルの中で、唯一絶対的に効果的で優れたスタイルというものはない。

　たとえば、「教示的リーダーシップ」は、部下・フォロアーの自律度・成熟度が低い場合には受容されて大いに効果を発揮するが、自律度・成熟度の高い部下・フォロアーの場合には、明らかにマッチングしないので効果を発揮することはない。

　逆に、「委任的リーダーシップ」は、自律度の高い部下・フォロアーには受容されて効果を発揮するであろうが、自律度・成熟度の低い新入社員にはマッチングせず効果はない。同様に、「説得的リーダーシップ」「参加的リーダーシップ」についても、部下・フォロアーの自律度など、職場の状況要因に適応しなければ効果を発揮しない。

　したがって、組織リーダーは常に部下・フォロアーの自律度・成熟度など職場の状況要因・環境要因をよく見極めて、それにうまく適応するリーダーシップスタイルを、自覚的に選択・採用する必要がある。

●優れた組織リーダーは環境適応ができるかどうかで決まる

　組織リーダーにとっての最大のポイントは、部下・フォロアーを巡る状況要因・環境要因をよく見極めて、それに適応するスタイル・態度を自覚的に選択・採用し、部下の貢献意欲・モチベーションを向上させ、共通目的の達成過程に動員することである。あくまでも組織リーダーの採用するスタイルが、その都度の部下・フォロアーの成熟度・自律度など職場の状況要因に適応・マッチングして、貢献意欲・貢献活動を引き出せるか、どうかである。

　このような「リーダーシップ状況適応論」の考え方（環境適応のマネジメント、現代経営学）が、現代のビジネス界でも、経営学界でも、理論的にも実践的にも広く支持されており、もはや伝統的で古い「リーダーシップ資質論」（古典派経営学）は克服・止揚されており、基本的に支持されていない。

　したがって、優れたリーダーとは人柄・性格・資質・風貌の問題でもないし、いつでも、どこでも、効果を発揮する唯一絶対の優れたリーダーシップスタイルが固定的に存在しているわけでもない。

　とすれば、一部の事業組織において散見されることだが、部下・フォロアーの状況要因・環境要因との適応の問題を無視して、ただ単純に「あの人はリーダーシップがある」「あの人はリーダーシップがない」という議論が、いかに無内容・無意味であるか、いかに粗雑・粗暴・乱暴なものか、一目瞭然である。

　仮にもし実際の人事考課が、このような「ある・なし・どちらでもない」「○・△・×」式の粗暴な評価基準にて行われ、処遇が決定されたら、「評価」される人物にとっては悲劇というしかない。

⑪ 生協組織とコミュニケーション

●いかなる組織活動にも不可欠なコミュニケーション

　生協のような明確な共通目的を掲げる組織活動においては、相互に意思や情報を交換する伝達・コミュニケーションは、すべての組織成員・貢献者を共通目的の達成過程（貢献活動）に動員するために不可欠である。

　ここでの伝達・コミュニケーションとは、人と人との相互関係において繰り広げられるすべてのものであり、トップダウンだけでなくボトムアップも含んでいる。さらに、同僚同士・仲間同士そして営業マンと顧客との水平的な相互伝達・コミュニケーションなども含まれる。

　もし生協組織に伝達・コミュニケーションがなければ、組合員や従業員など個々の組織成員は、生協の達成すべき共通目的が何であるのか理解できず、また自分は何に向かって貢献（行動・活動・行為）すればいいのかも分からない。さらに、生協の共通目的に対する貢献活動が、自分にとってどんな利益・メリットがあるのかも分からない。

　つまり、伝達・コミュニケーションがなければ、個々の組織成員はバラバラに行動する「烏合の衆」となり、共通目的は達成することもなく、組織活動は存続しえない。その意味では、伝達・コミュニケーションとは、生協に限らず、いかなる組織活動（協働行為）においても不可欠な要素・条件である。それがなければ、そもそも組織活動は始動することがない。

●相手に「受容」される伝達・指示とは何か

　したがって、組織活動（協働行為）を始動・維持するために発せられる伝達・コミュニケーションは、その内容が相手の側（受け手）に「受容」されなければ意味がない。つまり、「言っていること」が相手に理解されて、行動・活動・貢献に移されなければ、伝達・指示・告知した意味がない。

　しばしば散見されることだが、トップの組織リーダーが発する指示・命令・伝達であっても、必ずしも部下・相手・受け手に受容されない事例は少なくない。また相手の側が、表面では受容したフリをしつつも、内面では拒否して、行動・活動に移さない事例も少なくない（面従腹背）。

　営業マンのセールストークのような水平的な伝達・コミュニケーションも同じである。受け手・相手の顧客・消費者に「受容」されないセールストーク・宣伝・広報・広告では「言わないのと同じ」であり、自己満足の「独り言」に過ぎない。それでは、顧客・消費者の購買意欲は沸かず、購買行動に移ることはない。

　現代経営学では、相手（受け手）に「受容」されない伝達のことを「権威」のない伝達と呼んでいる。ここで言う「権威」とは、あくまでも組織における伝達・コミュニケーションの性格のことである。つまり、発信された伝達は、受け手・相手に「受容される」ときに初めて、その伝達の「権威」が確定される。

　このような伝達の「権威」に関する定義・説明は、現代経営学に固有のものであり、この議論のことを「権威受容説」と呼んでいる。それは「国語辞典」に登場する「権威」の概念・説明とは大き

く異なるので注意されねばならない。

　現代経営学の定義にしたがえば、伝達の「権威」には二側面がある。第1は主観的・人格的な側面（個人的側面）であり、受け手が伝達を「権威」あるものとして「受容」することである。第2は客観的・非人格的な側面（組織的側面）であり、組織における伝達体系そのもの、つまり伝達システムのことである。

　ここでは、組織リーダーの見落としやすい、前者の「伝達の主観的な側面」についてのみ考察しよう。

●組織の最末端に「受容」されない伝達・指示では意味がない

　前述したように、発せられた伝達は相手・受け手に「受容」されたときに、それは「権威」のある伝達となる。

　したがって、組織トップの座に居る偉い「権威者」が発する伝達だから、その伝達に「権威」があるわけではない。理事長・代表理事・会長・社長・市長・町長・局長・所長・署長・院長・学長・校長・総長・部長が言うことだから、その伝達に「権威」があるわけではない。

　発せられた伝達は、あくまでも相手・受け手・フォロアー・部下に「受容」されたときにはじめて、その伝達の「権威」は確定され、それが個々の受け手にとって、自己の行為・行動の基礎として承認される。

　このように、組織の中の伝達の「権威」の有無は、その伝達の受け手が受容するか否かで決まるので、「権威」の究極の源泉は組織の最末端に潜むことになる。つまり、組織の最末端の個々人の受容の可能性に依存している。

したがって、「権威は上位者から下位者に流れる」「権威ある上位者の命令・指示は絶対である」などのことは、フィクション・虚構・仮構にすぎない。

もっとも、このような「上位者権威の虚構」が生まれるには、それなりの根拠がある。ひとつは伝達の受け手（下位者）が「上位者から言われたままに行動して個人的な意思決定の責任をとろうとしない」からである。つまり「意思決定の責任は上位者（伝達の発信者）にとってもらい、自分は無責任・気楽にふるまいたい」からである。さらにまた、上位者からすれば、そのような仮構・虚構の存在は、自己の意思を貫くには都合がいいからである。

このように、現代経営学では伝達の受け手に着目した議論を展開するが、それは前提にする人間が「自律人・自己実現人モデル」であることに起因している。すなわち、ここでの伝達の受け手は、自由意思をもち自己の欲求動機に基づき、選択力を行使して自律的・主体的に行動する人間である。そのために、発せられた伝達を受け止めて行動・貢献に移すか否かは、すべて受け手の側の自由意思の問題であり、受け手の側の評価・判断・意思決定の世界のことだからである。

●伝達・指示が相手に「受容」されるための４つの条件

受け手に「受容」されない伝達は、単なる「独り言」「何も言わないのと同じ」であり「権威」のない伝達である。では「権威」のある伝達に不可欠な条件とは何か。換言すれば、どのようなときに発せられた伝達を、受け手の側は「受容」するのか。それは次の「４つの条件」である。

1．伝達の内容を理解できること

　発せられた伝達が受け手に「受容」されるには、なによりも受け手の側が、伝達の内容を理解できることが不可欠である。内容が理解できない伝達では、それを受けた側は、何をすべきか分からず、行動・貢献にも移せない。

　たとえば、「店長は朝礼のときにインドネシア語で話をしたが何を言っているのか誰も理解できなかった」とすれば、部下の従業員は何をすればいいのかも分からぬままに朝礼が終わる。

　また「店長は朝礼のときに日本語で話をしたが、主語や述語が不明のため、言いたい趣旨が理解できなかった」とすれば、おそらく従業員に戸惑いはあっても、店長の伝達は受容されることはない。場合によっては、「誤解」に基づく行動も生まれ、店内に混乱が引き起こされる。

　さらに「店長は朝礼で訓示を垂れたが、入れ歯の調子が悪くて、滑舌不良で内容が理解できなかった」なども同様に受容されることはない。

　このように「言語的に理解できない」「文章的に理解できない」「滑舌が悪くて理解できない」など、いかなるケースでも伝達の内容が相手・受け手に理解されないのでは、受容されて行動・貢献に移されることもない。このような伝達は、「独り言」であり「何も言わない」のと同じである。

2．伝達の内容が組織目的と矛盾しないと確信できること

　また、発せられた伝達が受け手に「受容」されるには、伝達の内容が「組織目的と矛盾していない」と確信できることである。仮に

もし伝達内容が組織目的と矛盾・対立していたら、受け手の側は伝達に従って行動することが、組織目的の達成に貢献するとは確信できず、受容することはない。

たとえば、消防署長が朝礼にて「今日も街に出て火をつけて回ろう」と言っても、「火を消す」という消防署の組織目的とは矛盾しているので、部下の署員は誰もが納得・確信できず、署長の伝達を受容することはない。

また、店長が朝礼にて「わが生協はこのような戦略で経営危機を乗り越えたい」と言っても、それが古くさい論破された戦略論の内容では、部下の従業員は「こんな戦略では生協は潰れる」との不安・危惧はあっても、生協の組織目的に貢献する確信がもてず、受容することはない。

また、水平的な伝達の場合も同様である。たとえば、寿司屋に来店した顧客に対して、寿司職人が「おいしいインドカレーはどうだ」と勧めても、顧客は戸惑うことはあっても受容する（注文して食べる）ことはない。寿司屋の看板やメニュー表（組織目的の表示）と、寿司職人の勧める内容が矛盾・齟齬しているからである。このように組織目的と矛盾する伝達では、受け手は困惑することはあっても、受容して行動・貢献（注文・購買）に移すことはない。

３．伝達の内容が個人的利害に適うと確信できること

さらに、発せられた伝達が受け手に「受容」されるには、伝達内容が「自分の利害にも適っている」と確信できることである。つまり伝達を受け止めて行動に移すことは、組織目的に貢献できると同時に自分の個人的な利害にも適っている、と確信できることである。

たとえば、遠距離恋愛中の恋人がインドに住んでいる従業員に

とっては、人事部長からの「しばらくインド店の販売促進に出向いてもらう」という伝達・告知は、多くの人が忌避したがる遠隔地の長期単身赴任であっても、当人は喜んで受容（出向・転勤・赴任）する。このように、組織目的のための伝達・告知であっても、自分の個人的利害にも適っていると確信できれば受容しやすい。

　逆に、いくら組織目的のためであっても、自分の個人的な利害に反する伝達は受容しがたい。たとえば、要介護の老親を抱えつつ勤務している従業員に対して、転居の伴う遠隔地の転勤を要請・伝達・告知しても、当人には苦悩の日々が続くことはあっても、喜んで赴任することはない。

　この場合、意思決定を躊躇し苦悩する個人に対して、経営者の側が人事権を背景にして強制・強要すれば、当人のモチベーションを低下させるだけでなく、時と場合によっては「人事権の濫用」になりかねない。そして、自律人モデルの従業員の場合には、「こんな職場にいては自分の人生が破壊される」「これを機会に退職しよう」となるだろう。

　このように、組織目的のために発せられた伝達は、その内容が受け手の側の個人的欲求を充足（動機満足）しなければ、当人の貢献意欲・貢献活動には結びつかない。つまり、組織成員の貢献活動を獲得するための伝達は、それが受け手に「自分の個人的な利害にも適っている」と確信できることが不可欠である。

４．伝達内容を精神的・肉体的に実行できること

　さらに、伝達が「受容」されるには、受け手の側が伝達の内容を精神的・肉体的に実行できることである。つまり、発せられた伝達を受け止め、行動・貢献・活動に移せる精神的・肉体的な条件が不

可欠であり、それがなければ、いかなる伝達でも受容できない。

　たとえば、交通事故で背骨を骨折し、ギブスをはめて入院中の従業員に「本日から1カ月ほど販売促進のためにロンドン店に出張してもらう」と伝達・告知しても、当人はどうすることもできない。あたかも、泳げない人に向かって「明石海峡を泳いで渡れ」と言うのと同じである。また精神的に苦しみ悩んでいるとき、心を病んで通院治療しているときなども同様であり、いずれも行動・貢献に移せる状態ではない。

　このように相手・受け手の肉体的・精神的な条件を無視して発した伝達は受容されない。仮に人事権を振りかざして相手に強要・強制しても、「人事権の濫用」やパワーハラスメントになりかねない。

　したがって、組織成員から貢献活動を獲得するための伝達は、相手・受け手の側に、それを実行できる精神的・肉体的な条件があることが不可欠である。

●伝達・指示の「受容」の安定性をいかに確保するのか

　以上のように、発信された伝達が相手・受け手に「受容」されるには、「4つの条件」が不可欠である。そして、伝達が相手に受容されて行動・貢献に移されたときに、はじめてそれは「権威」のある伝達になる。

　このように、「権威」の源泉が、伝達を受容する受け手の側にあるとすれば、どのようにして組織目的の達成の安定性が確保されるのか。それは、以下のような3つの理由により、確保される。

　(1)成功している永続的な組織では、伝達・告知・命令がたえず慎
　　　重に考慮されて発せられており、つねに前記の「4つの条件」

を満足・充足させている。

⑵非公式組織の機能が、日常的に組織成員に影響を及ぼしているので、伝達の受け手の側から「権威」を否定する事態・状況がない。

⑶受け手の側には、伝達を無意識的に受容する「無関心圏」「受容圏」が存在しており、その圏内・範囲内では、伝達の権威の有無を反問することなく、無条件に貢献・行動・行為に移すからである。

ここで「無関心圏」「受容圏」とは、発せられた伝達・告知が、先の4条件をクリアしているか否かについて、受け手の側が特段の関心・注意を払うことなく、即座に受容できる、心に内在する領域・範囲のことである。

たとえば、社長が秘書に「この500万円を至急に送金してくれ」と言った場合、日頃から社長の人柄や性格を熟知して深い信頼関係で結びついている秘書であれば、その500万円の送金が業務上のものであるかどうか、組織目的の達成に適っているかどうかなど、何ひとつ関心を払わずに（疑念を持つことなく）行動に移すであろう。

それが受け手の心に内在する「無関心圏」「受容圏」であり、その範囲・領域が広いほど、伝達の「権威」は安定するので、組織リーダーはたえず種々の手段を用いて、無関心圏の範囲・領域の拡大を図ることになる。

以上のような側面（伝達の主観的側面）に考慮を払って伝達しなければ、相手・受け手は「受容」しない。いかなる組織活動にせよ、その目的達成のために発せられた伝達・指示・告知・連絡・宣伝は、それが受容されなければ行動・貢献・活動に移されず、共通目的は達成しない。

⑫ 生協の「組織風土」の改革

●人間の「意識と行動」を拘束している要因とは何か

　生協組織において、理事会が種々の改革を推進しようとすると
き、しばしば改革のネックになるのが、旧い「組織風土」という目
に見えない「カベ」である。「組織風土」といっても、究極的には
組織を構成する個々人の「意識と行動」の問題であるが、これが意
外に難問である。

　理事会の側が、良かれと思って新しい制度・仕組み・システムを
提案・導入しようとしても、組織の中の個々人にとっては、自己の
固定化した「意識と行動」の変更が伴う事案は、なかなか受け入れ
難い。

　仮に組織成員の多数派が、かたくなに旧来の「意識と行動」に固
執・執着すれば、組織全体としての改革が少しも進展しない。さり
とて理事会が、組織成員に対してなりふり構わぬ脅迫・強制をする
ことは、民主的・自主的な生協組織の性格上、あり得ない。この種
の「組織風土」というネックに直面して、しばしば理事会は途方に
くれる。

　一般に、個人の行動を規制・拘束する要因としては、法律・定
款・規則・慣行・慣習などがある。

　「法律」は、一定の手続きを踏み国会の決議で成立するので、そ
の意味では「改正する」ことも簡単である。国の定めた法律には遵
守する義務があり、それに違反すれば、多くの場合は処罰される。
個々人は嫌でも新しい法律に従い、新しい行動・行為を選択せざる

を得ない。それが法律という外発的な行為規範の果たす社会的な機能である。

　「規則」の変更も比較的に容易かもしれない。たとえば、国会で労働法が改正されれば、それに合わせて社内・事業所内の「就業規則」を変更し、それを地元の労働局に届ければ一応の手続きは終了し、あとは組織内でのコンプライアンスの追求のみであろう。

　いちばん厄介なのは、「慣行」「慣習」である。慣行・慣習とは、長い間の暮らしの営みの中で固定化した「意識と行動」であるから、ひとたび定着・土着化すると、それが反社会的・反法律的でない限り、変更することは国会決議よりも困難である。慣行・慣習という内発的な行為規範を変更するには、個々人の内面に働きかけて内面の固定化した動機・欲求を変えるしかない。

● 「組織の中の個人」のかたくなな態度を変える方法

　レヴィンは、集団力学の研究で著名であるが、いくつかの貴重な実験・調査の一つとして、「個人のかたくなな態度を変えるには、個別的方法と集団的方法のいずれが効果的であるか」に関するものがある。

　具体的には「食習慣の変革の実験」として行われ、「牛の内臓を食べる習慣を身につける」「学生寮の白パンを黒パンに変える」「新生児に肝油（タラの肝臓の油）を飲ませる習慣をつける」など、変え難い食習慣を取り上げて実験に取組んだ。実験では、次のような3つの方法を採用して比較・検討した。
①一人ひとりに食習慣を変えるように個別的に説得・説明した。
②対象者を一室に集めて食習慣の変更を講義方式で集団的に説得・

説明した。

③6～13人で一組のグループを作り食習慣の変更を自主的・集団的に討論させ、その後、集団の中で一人ひとりに自己の意思決定を表明させた。

この実験の結果、「個人のかたくなな態度」「固定化した意識と行動」を変えるには、③の方法が最も効果的であることが判明した。その理由として、次のような諸点が指摘された。

1）集団的な討議の過程で多くの意見が出たので、個々人の視野が広がり新しい知識が身についた。

2）集団の中での自発的な意思決定の際には、個々人は新しい習慣が実行できるものになっていた。

3）個々人が集団の意思決定を受入れて、新しい習慣を実行することが分かっていた。

4）個々人が集団的な意思決定の過程に参加することで、新しい習慣を実行する主体的な意欲を高めていた。

5）集団的な意思決定の結果が、個々人に新しい習慣を実行する強制力になった。

6）個々人の習慣を変えて定着させるには、集団の力が必要とされた。

● 「組織風土」の改革とは組織内の民主主義を成熟化させること

レヴィンの実験結果が正しいとすれば、組織リーダーが、組織の中の個人の「かたくなな態度」「固定化した意識と行動」を変えるために採るべき基本的な対応は明白である。

つまり、「個々の対象者に個別的にくどくど説明・説得する」こ

とや「対象者を一室に集め講義方式で集団的に説明・説得する」ことではなくて、「皆さんで自主的・民主的・集団的に議論して各人が自発的に意思決定して結論を出してほしい」と伝え、個々の対象者の自律性・自主性・自発性を全面的に信頼し、それに依拠することである。

　つまり、組織活動を運営する際には、組織成員の自主的・自発的な判断や意思決定を全面的に信頼・重視・尊重し、それに依拠して民主的に行うことである。

　民主主義がある程度に定着・成熟した時代では（そのような社会では）、組織の中の個人（組織成員・貢献者）については、自由意思をもち自律的に判断し意思決定し行動できる行為主体（自律人モデル・自己実現人モデル）として捉えなおすしかない。そして、一人ひとりの「個人」を、集団主義・全体主義・画一主義に同化・埋没させることなく、多種多様な個々人の多様な意思・判断を重視・尊重・信頼することである。

　レヴィンの見解を、一言でいえば、組織の中の個々人の「かたくなな態度」「固定化した意識と行動」を変えるには、個々人に対する信頼度を高め、組織運営の民主化レベルを一段と引き上げて、ボトムアップを重視することである。

　そうすれば、全体の「組織風土」も激変する。逆説的に言えば、「組織風土」の改善・改革を課題にせざるを得ない組織とは、集団主義・全体主義・画一主義が支配的であり、組織の中の個々人の自律性・自主性・多様性を尊重・重視・信頼することが不十分なのであろう。

　ともあれ、レヴィンの実験・調査の結果は「組織風土」の改革を課題にしている生協組織にとっては、きわめて貴重な示唆であろう。

⓭ 生協組織と「人間尊重の経営」

●求められる「人間を基軸にすえた組織マネジメント」

　「企業はヒトなり」という言葉がある。これは、企業の命運を決めるのは、最終的には、企業目的に貢献する「ヒト」「人間」であることを言い当てている。

　つまり、モノを製造するのも、それを販売するのも、戦略を練るのも、それを実践するのも、資金を調達するのも、それを運用するのも、すべて「人間」の行動・行為・活動であり、その適否が企業の存続・発展を大きく左右している。したがって、経営者の「人間尊重の経営」「人を大切にするマネジメント」が、企業の成長・発展にとって、いかに重要であるかを示唆している。

　ここで「人間尊重」「人を大切にする」とは、個々の組織成員の自主性・自律性の尊重であり、その価値判断・意思決定に対するリスペクトである。究極的には、個々の人間を「信頼する」ことを意味している。組織の中の個人にとって、信頼されて仕事をするのか、不信感のもとで仕事をするのか、その勤労意欲や労働生産性の差異は明白である。

　経営者は従業員を信頼し、従業員は経営者を信頼するという「相互信頼」がなければ、そもそも組織内の深いコミュニケーションが成り立たず、その結果、組織活動（協働行為）の共通目的を達成する強固な貢献意欲も貢献活動も生まれない。

　この点で想起されるのは、ワコール社の有名な労働争議のエピソードである。

●ワコール社の争議と塚本幸一の英断から学ぶこと

　ワコールは、塚本幸一が創業した京都の企業である。塚本は、滋賀県で繊維問屋を営む両親のもとで育ち、その後、地元の滋賀県立八幡商業学校を卒業して兵役についた。そして、九死に一生を得て復員し、1946年に和江商事を創業し、アクセサリーの販売をしていたが、1948年に女性下着の製造に着手し、現在のワコール社の礎を築いた。

　当時はまだ、女性下着に対する関心は薄く、競争企業も少なかったので、戦後の経済復興・高度経済成長とともに、塚本の事業は急速に発展した。もちろん、それは多くの紆余曲折や危機的な試練を乗り越えてのことであった。

　1960年代の初頭に、ワコール社に壮絶な労働争議が起こった。生産も停滞し経営は危機に直面した。塚本は、労働組合の「闘争」に頭を抱えて悩んでいたが、たまたま出光佐三の「人間尊重の経営」の講演を聞いて開眼し、従業員を徹底的に「信頼する」マネジメントに舵を切った、という。

　労使交渉の席上で、塚本は「労働組合の要求はすべて無条件にのむ……」と、従業員を信じきる姿勢を宣言し、組合の要求文書の中身をよく見ることもなく、その場で判を押した。

　労働組合側は、あっけにとられた。値切られることを想定して、当初よりかなり高めのベースアップや昇給要求を出していたが、そのような法外な組合要求に対して、塚本が無条件の満額回答をしたので、びっくり仰天であった。

　さすがの組合側も、一旦は「回答」の受け入れを渋ったものの、

労使交渉は「妥結」し、労働争議は見事に解決した。

●労使の相互信頼がなければ「組織風土」は変わらない

塚本が、従業員を信じきって無条件の満額回答をした決断は、きわめて異例な非論理的な行為であろうが、ワコール社全従業員の心を鷲づかみするには十分であった。

人間は、いつでも理性的・論理的な行動をしているわけではなく、モチベーションの高揚、貢献意欲の向上などは、ほとんど非論理的な気分・感情の作用である。組織マネジメントにおいては、「信頼する」という非論理的な機能もまた、組織の中の個人を動かす重要なファクターである。

塚本の「満額回答」を契機にして、ワコール社の「組織風土」は劇的に大変貌した、という。

従業員は、塚本の信頼に応えるためにも、またなによりも人件費の大幅アップによる労務倒産を避けるためにも、労使一丸となって懸命に働き、増収増益を見事に達成し、経営危機を乗り越えた、という。強固な組織の総合力とは、このような、人間と人間との深い「相互信頼」の上にのみ成立するのであろう。

その後の塚本の多方面での活躍については多言を要しないが、次のような言葉を残している。「リーダーというものは、部下に対して俺を信頼しろというのではなく、まず自らが部下を信頼すること、すべてはそこからはじまります」。

塚本の、この言葉は、生協の経営者・組織リーダーにとっても、傾聴に値すると思うが、どうであろうか。

⑭ 生協組織の労使関係

●対立物の相互浸透

　名人と言われる刀工の打った「日本刀」は、ハガネの固さをもちつつも、しなやかで折れにくい、という。相反するとも思われる２つの条件を、同時にクリアした名刀を造りだすので、名人・名工として、その名を歴史に残すのであろう。

　この種の課題は、近代的な製造工場においても同じである。長い間、製品の多種多様化と生産の量的拡大化は相反するとされたために、大量生産システムの前提は単一製品であった。かつて「Ｔ型フォード車」を大量生産して、クルマ市場を席捲したフォード・システムは、その典型例である。

　しかし、流通市場においては、一面では大量生産のニーズに応えつつも、他面では消費者ニーズの多様化に応えるために、多種多様な製品を提供せねばならない。かくして、近年において、多品種の製品を同一の製造ラインで大量生産する生産技術、いわゆるフレキシブル生産システム（ＦＭＳ）や混流生産システムが開発されて、製造現場に登場してきた。

　このようなテクニカル・スキルもまた、相反すると思われる２つの条件を、高い次元で同時にクリア・止揚している。

●対立物の統合理論

　ソーシャル・スキルの歴史も同じであった。古い考え方（古典派

経営学）では、「組織と個人」とは相いれない条件とされ、組織ニーズの実現のためには、個々人のニーズは無視・軽視され、組織に個人を同化させる集団主義・全体主義・画一主義が当然の前提であった。そこでは、個人の自主性・自発性・自律性は排除され、滅私奉公・絶対服従が要求された。

ところが、現代経営学（現代組織論）の特徴は、組織目的の達成（effectiveness、有効性）と同時に、組織を構成する個々人（組織成員）の動機の満足（efficiency、能率・効率性）を考慮に入れて、「組織と個人」の両者の異なるニーズを、一体的に実現・統合する考え方として登場している。たとえば、バーナードの「組織均衡論」、アージリスの「混合モデル論」、マグレガーの「Y理論」などは、その典型的な事例である。

これらの議論は、民主主義の成熟と個々人の自律性・主体性の確立が前提であるが、組織ニーズの達成しか視野になく、個々の組織成員・貢献者の動機の満足を無視・軽視した古典派経営学（古典的組織論）に比べれば、はるかに進歩的な内容である。

このように、現代経営学（現代組織論）の基本パラダイムは、「組織と個人」の異なるニーズ（動機・欲求）を、より高いレベルで統合・一体化（同時的実現）するのが特徴である。

「組織と個人」の対立的な条件を統合するソーシャル・スキルとしては、ワークライフバランス（ＷＬＢ）、フレックスタイム制、テレワーク、「自主管理活動」「目標管理」などが、すでに多くの事業組織に登場している。

この種のソーシャル・スキルは、多種多様な「自律した個人」を前提にして成立する民主的な生協組織においてこそ、必要不可欠だと思われる。

●民主的な労使関係

　生協組織にとっては、生協労組は最も根源的な連帯者であり、生協の組織目的の重要な貢献者でもある。その政治的な活動・取組・闘争・奉仕・貢献がなければ、おそらく生協組織の高邁な理念や高潔なミッションは実現しそうにもない。

　したがって、生協の労使双方の課題は、多くの点において、基本的に共通している。とはいえ、直接に利害の絡む経済的なテーマ（賃金など）については、生協労組のニーズと生協理事会のニーズとは必ずしも完全には一致しておらず、しばしば両者の間に「紛争」を引き起こしている。

　しかし、力と力を単純に闘わせる 100 年前の労使紛争ではないとすれば、生協理事会と生協労組の双方には、歴史の法則性を見据えたレベルの高いソーシャル・スキルが求められている。仮にも対立関係が対立のままに固定化され、それを克服・止揚・揚棄する未来が見えてこないのでは、労使双方にとって悲劇と言うしかない。

　ビジネス界においては、産業民主主義の観点から経営者と労働組合代表とが、事業経営について情報共有・意思疎通・合意形成をする労使協議制度は珍しくない。また、労働組合の代表を取締役会など意思決定の過程に参加させる各種の経営参加制度は、ドイツをはじめ国際的には広く普及している。

　日本の一部の生協組織においては、生協理事会に生協労組の代表を参加させている事例はあるが、そこでのトップ経営者（理事長）の見識の高さと、組織マネジメント能力（ソーシャル・スキル）の卓越性には敬意を表したい。産業民主主義の思想は、生協組織にお

いてこそ不可欠であろう。

　ともあれ労使間の対立を相互に浸透させ、より一層高いレベルで克服・止揚・揚棄して民主的な労使関係を構築することが、生協の労使双方にとって不可欠だと思われる。

●「矛盾」の統合能力

　かつて、ファヨールは主著『産業並びに一般の管理』において、事業経営に不可欠な「従業員の調和・団結」というファクターは、労働組合がもたらしている、という。つまり、従業員の調和・団結という状況の創出には、経営者の管理能力だけではなく、労働組合が大きな役割を果たしている、という（佐々木訳、73～74ページ）。労働組合は、もちろん働く労働者が自らの労働条件を守り発展させるための自主的・自律的な組織であり、そのための「団結」ではあるが、それでも従業員が団結・調和している状況の創出は、事業経営にとって不可欠である、という。

　もっとも、経営者のサイドから従業員の団結・調和をもたらす手法は、すでに新古典派経営学（人間行動学派）が解明しており、そこでは関係欲求・社会的欲求の充足により、従業員に「帰属意識」「参加意識」を醸成して、事業組織と一体化させることが追求された。

　とすれば、経営者には「組織と個人」「使用者と労働者」「全体と個別」などの対立的なファクターを、相互浸透させる管理能力が求められている。事業組織を管理する能力とは、究極的には「矛盾」の統合能力のことである。

　名人の打った名刀は、そのことを私たちに示唆している、と思われる。

⓯ 生協組織と「三方よし」の哲学

●近江商人「三方よし」の理念の果たした役割

　「三方よし」という言葉は、関西人にはなじみ深いであろう。これは、近江の国（今の滋賀県）に本店をおき、全国各地で活躍した「近江商人（江州商人）」の「商いの心」「経営理念」を示している。すなわち、「商い」とは、売り手も満足し、買い手も満足し、さらに世間も満足するのが良い、という教えである。

　この「理念」が確認できる最古の史料は、1754 年に神崎郡石場寺村（東近江市五箇荘石馬寺町）の中村治兵衛が書き残した家訓であるとされている。「理念」の存在は古いが、「三方よし」の用語は江戸時代から普及していたわけではない。この「用語」は、近年になり近江商人の経営理念を分かりやすく標語化して、「売り手よし、買い手よし、世間よし」、つまり「三方よし」と表現したものである。したがって、同じ意味を「自分よし、相手よし、第三者よし」と表現する人（廣池千九郎）もいる。

　「標語」としての表現の差異はともかくとして、そこに込められた近江商人の高邁な哲学・理念は、実に奥が深くて素晴らしい。彼らのビジネスが、長きにわたり多くの人々に支持されて存続・発展した所以であろう。しかも、近江の国は京都や大坂をそばに控え、中仙道・東海道・北国街道などの交通の要所でもあり、また琵琶湖の海運もあり、地政学的にも広域ビジネスに有利な条件がそろっていた。

　近江商人の「三方よし」のビジネスの多くは、やがて近代の資本

主義の発展過程において、日本を代表する企業に成長・発展して、現代に至っている。たとえば、伊藤忠、丸紅、双日（日商岩井、ニチメン）、兼松、高島屋、大丸、白木屋、西武、セゾン、日清紡、東洋紡、東レ、ワコール、西川産業など、いずれの企業も近江商人の流れを汲んでいる。

●「三方よし」の哲学とバーナード理論には共通性がある

「三方よし」の理念の根底には、「自分・売り手」「相手・買い手」「世間・第三者」を、それぞれに「自律した行為主体」として捉え、それぞれの自主性・自律性（動機・欲求・判断・評価・選択・意思決定）を尊重・リスペクトする思想・哲学が基礎にある。

したがって、自分（売り手）は相手（買い手）の利害を犠牲にして儲けることをせず、相手（買い手）にも「良い商品を良い価格で良い人から購入した」という動機満足を提供しようとする。さらに、その商い（取引）が世間や第三者（社会）から見ても、「素晴らしい商いだ」「実に良い取引だ」と道徳的・倫理的にも評価・支持される社会性を重視している。

「三方よし」という表現は古色蒼然としているが、その哲学・理念の中身は、偶然にもバーナード理論を主内容とする現代経営学（現代組織論）のパラダイムと基本的に同じである。

バーナードは、その主著『経営者の役割』において、「組織の中の個人」すなわち「組織成員・貢献者」とは、自由意思をもち自ら選択力を行使して自律的に行動する（できる）人間として捉え、この自律人モデルを前提にして、組織活動（協働行為）の成立・存続・発展の条件を動態的に把握し明示した。

　バーナードによれば、組織活動（協働行為）とは、2 人以上の人びとの意識的に調整された諸力の体系であり、共通目的を達成する行為主体として動態的に把握される。それゆえに、組織リーダーのなすべき職能は、人間行動に関わる非人格的な諸力（たとえば目的・欲求・動機・選択・満足・受容・誘因など）を確保・調整して、組織活動を存続・発展させることである。

　まず組織活動を成立・始動するためには、①意思・気持・情報の相互伝達（コミュニケーション）、②掲げた目的の共有化（共通目的）③目的達成に貢献する意欲（協働意欲）の 3 つの諸力・要因の確保が不可欠とされる（内的均衡）。

　そして、成立・始動した組織活動を長期的に存続・発展させるためには、さらにまた、①組織活動の共通目的の継続的な達成（effectiveness、有効性）とともに、②個々の組織成員・貢献者の動機満足（efficiency、能率・効率性）が不可欠である、という（外的均衡）。そして、さらに③組織活動を支配する高潔・高邁な道徳性・社会性・倫理性（morality、道徳・良心・正義）を不可欠としたのである。

　ここでバーナードのいう組織活動（協働行為、ビジネス）が存続・発展するための「3 つの条件」とは、まさに近江商人の「三方よし」の哲学そのものである。

　すなわち、①組織活動の共通目的が達成すること（自分よし、事業主も満足、effectiveness）、②個々の組織成員・貢献者の動機が満足すること（相手よし、顧客も満足、従業員も満足、efficiency）、さらに、③組織活動が高邁な道徳性・社会性・倫理性に支配されること（第三者よし、社会も満足、世間も満足、morality）の「3 つの条件」が必要である、という哲学である。

● 「相手の満足」なくして「自分の満足」はありえない

　バーナードの場合には、組織の構成員とは「組織目的に直接・間接に貢献するすべての自律した行為主体」すなわち「貢献者」を意味しており、そこには、広範囲の個人・機関・団体が想定されているので、「三方よし」「三方満足」は以下のようにも表現することができる。

(1)「会社も満足」「従業員・顧客・株主・協力会社・債権者・金融機関・地域住民も満足」そして「自治体・監督官庁・業界団体もまた満足」

(2)「大学側も満足」「学生・院生・保護者の側も満足」そして「文部科学省・世間・社会も満足」

(3)「自治体行政も満足」「地域住民も満足」「第三者機関も満足」

　このような「三方よし」「三方満足」の組織マネジメントは、先進的な事業組織においては、すでに半世紀以上も前から、バーナード理論（現代経営学）を基礎にして実践してきたことである。

　仮にもし、予定の利益もあげて組織活動の目的は達成したが（effectiveness）、組織成員である従業員の満足度（efficiency）の低い生協組織があるとすれば、それは自分だけ満足（自分だけよし、事業者のみ満足）の状況であり、相手の満足（相手よし）を無視・犠牲にしたものである。

　そのような道徳性・倫理性（morality）の低い組織活動では、「世間も満足」「第三者よし」という社会的な評価や支持は得られないし、長期的な存続・発展が望めない。それが「近江商人」の教えであり、同時に現代経営学の知見でもある。

⓰ 生協組織の人材確保

●生協の未来は「人材確保」で決まる

　日本の少子高齢化・無子高齢化は、政府の種々の政策展開にもかかわらず歯止めがかからず、総人口とともに労働力人口は急速に減少しつつある。2016 年の労働力人口は 6,648 万人であったが、50 年後の 2065 年には、約 4 割減少して 3,946 万人になる、と予測されている（総務省「労働力調査年報」2016 年）。

　総人口や労働力人口の減少は、どの産業分野においても事業の担い手の絶対数の減少であり、同時に、それは国内の消費市場の絶対的な縮小をも意味する。したがって、どんな分野でも現状と同規模の事業を維持して組織活動が生き残るには、大胆な省力化やイノベーションがなければ困難である。もっとも営利企業の場合には、活路を求めて海外に進出し、広大な労働力市場や消費市場を席捲する戦略も考えられ、すでに多くの大企業が実行・実践しているが、生協法に拘束される生協組織ではままならない。

　かくして、厳しい経済環境と真正面から対峙して生協組織が生き残るには、従来にない新しいビジネスモデルの開発や新しい事業戦略の展開が必須である。同時に、その事業を担うに必要な質と量の人材の安定的な確保・獲得は不可欠である。

　生協の新しいビジネスモデル・事業戦略が、自主的・民主的な組織であるがゆえに可能なものであれば、厳しい環境においても競争優位を確保できるかもしれないが、それもひとえに事業を担う人材の確保しだいである。つまり、「生協の未来を担う人材の確保と育

成」は「全国の生協が力をあわせて取り組む重点課題」（日本生協連「2020年ビジョン第2期中期方針」）の一つである。

　ここでは、生協組織の事業環境の動向および人材の確保・獲得をめぐる諸問題について考えてみたい。

●ますます深刻化する「人手不足」の動向

　日本の労働力人口の総数は、2000年には6,766万人であったが、それが2020年には6,315万人へと約350万人減少することは不可避である。労働力人口が絶対的に減少するなかで、どの業界・業種でも、これまで通りに人材を確保することは、きわめて困難であり「人材獲得競争」が激化している。

　財務省の公表した「人手不足の現状及び対応策」（2018年1月）文書によれば、人手不足と感じる企業は、2018年には71％であり前年比で4％増加している。

　また、商工中金「中小企業の人手不足に対する意識調査」（2018年7月）によれば、「大幅に不足」「やや不足」と回答した企業は65.1％を占めている。2011年調査では、「大幅に不足」という回答はなくて、「やや不足」が14.6％であったので、人材不足感が近年になり急速に高まったことが示唆されている。

　さらに、「帝国データバンク」社の「人手不足に対する企業の動向調査」（2019年1月）によれば、「正社員が不足している」と回答した企業は、全体の53.0％を占めており、前年比で1.9ポイント増加している。また「非正社員」については、34.3％の企業が「不足している」と回答し、前年比で0.3ポイント増加している。

　人手不足の諸結果として「従業員の離職や採用難等により収益が

悪化したことを要因とする倒産」（「人手不足倒産」）は、調査開始
（2013 年）以降、一貫して増加している。さらに経営上は「黒字」
でも、後継者難により廃業する「黒字廃業」も増加している。今
後、労働力人口の減少が進展・深刻化するにつれて、「人手不足倒
産」「黒字廃業」は、さらに増加するとみられている。

　このような状況のなかで、生協組織が事業継続に必要な質・量の
人材を長期・安定的に確保・獲得することは容易ではない。すでに
多くの生協で人手不足が深刻化しており欠員状況が悪化している。

　とくに、個配事業の物流・配送を担う人材の獲得が困難になって
いる。これまで、生協は個配事業の分野で一定の競争優位性を確保
していたが、現在ではスーパーやコンビニなど多くの営利企業が参
入しており、とくに大規模ネット通信販売業（ネットスーパー）が
急速に成長・拡大するなかで、物流・配送人材（セールスドライバー
など）の獲得競争が激化している。したがって、人材獲得競争の勝
敗が、流通小売業界での生き残りの焦点になっている。

　この点について、日本生協連・小熊竹彦政策企画室長は次のよう
に言う。これまで生協事業の「メインの宅配は競争相手がいなくて
成長したが、今は本格的な競争時代に入っている。配送業者の取り
合いも起きている。手を打たなければ 20 年代半ばに経営が苦しく
なる地域生協も出てくる」、つまり「配送の人手不足が経営を圧迫
する要因になっている」（「朝日新聞」2018 年 6 月 29 日）。

　すでに、宅配を前提にした大規模ネット通販業（ネットスーパー）
が、生鮮食品を含めた食品供給事業にも進出しているが、生協の個
配事業は大胆な対策・イノベーションを講じなければ、さらに劣勢
を余儀なくされるであろう。このような動向に対して、生協組織内
には楽観視する向きもあるが、「アマゾン・エフェクト」という事

態が起きており、侮ることは禁物であろう。

　したがって、生協組織が生き残るには、新しいビジネスモデルの開発・構築と連動して業務の大胆な省力化・機械化・イノベーションをしつつ、必要な人材を安定的に確保・獲得することが急務の課題であろう。

　なお、一部の営利企業では、物流の人材不足を補うために業界・業種の枠を超えた共同配送システムを構築して物流を共有化する動きもある。なお平成29年9月から国交省の許可を得れば「乗客」と「荷物」の運送のかけもちができるようになり、すでに配送業者とタクシー会社の提携も一部ではすでに現実化している。生協もまた戦略的な提携として、業界・業種を超えた「物流」「配送」の共有化を検討すべきであろう。

　生協組織内に目を転じれば、バブル期世代および団塊ジュニア世代の大量退職も迫っており、その後の人材の補充・確保（世代交代）も大きな課題であり、そのためにも雇用政策・雇用戦略の抜本的な再検討・再構築が不可欠である。定年延長や退職者再雇用など高齢者の活用も不可欠であろう。

●低賃金パート活用のビジネスモデルは限界にきている

　流通業界（卸売業・小売業）には、現在、約1100万人の就業者がおり、産業構造の全体に占める位置（比重）は大きいが、就業者数の動向をみると一貫して減少傾向にある。流通業界における正規雇用者（正社員）は、人件費コスト圧縮のために1997年をピークに減少傾向に転じており、その後は、女性パートなど非正規雇用者が相対的に増加してきた（厚生労働省「毎月勤労調査」）。

　この間、生協店舗もスーパーと同様に、家計補助を目的に働く女性パートの受け皿の役割を果たしてきたが、いまや低賃金パート活用のビジネスモデルは、その維持が困難な環境になっている。

　政府は、当面のデフレ脱却・内需拡大のために賃金底上げ政策を推進し、「非正規雇用の賃金を正規雇用の8割程度に引上げることを検討」している。また最低賃金の大幅引き上げ（毎年3％アップ政策）、「同一労働同一賃金」政策の登場、格差是正の労働関連法規の整備も進行している。なによりも労働力の需給関係から見て、人件費の全般的な高騰は避けられず、もはや低賃金パート活用を前提にしたビジネスモデルは行き詰まりつつある。

　たとえば、会員制の量販店「コストコ」の場合には、全国の店舗で採用時給を一律に1,200円にし、深夜・祝日勤務の場合には1,500〜1,600円にしている。しかも、同社では正規雇用者の比率を50％に設定しており、「高い賃金設定」と「高い正規雇用者比率」で労働力市場における競争優位性を確保している（生協労連「人手不足対策の補強方針」）。

　また一部の営利企業では、将来の労働力市場の大幅縮小や、政府の賃上げ政策・労働政策の新動向を「先取り」して、これまでの非正規雇用を、そのまま正規雇用に切り替えて対応している。たとえば、家具小売りで世界最大手の「イケア」では、約2,400人の非正規パート労働者を、すべて正規雇用化して給与体系を「同一価値労働同一賃金」にしている。ちなみに、「同一価値労働同一賃金の実現」による労働者の待遇改善は生協労組の要求でもある（生協労連）。当面の人件費コストは大幅に増加して短期的には経営を圧迫するが、10〜20年先の種々の国内動向を見越した「先行投資」であろう。

　このような営利企業の動向の中では、生協組織にとっては抜本的

にビジネスモデルを改革し、労働者が働きやすく、生きがい・やりがいを感じる従業員満足度の高い魅力的な職場づくりが急務である。さもなければ、労働力市場における人材獲得競争に負けて、生協労働者の多くが、営利企業の従業員として引き抜かれるであろう。その結果、人材確保がますます困難になり、「人手不足倒産」「労務倒産」も「想定外ではない」だろう。

　なお、一部の生協組織では「外国人技能実習制度」を利用して「低賃金」の労働力を「活用」する動向もあるが、それは「制度」の本来の趣旨でないばかりか、あまりにも「その場しのぎ」「小手先の対応」であろう。現状では、「実習生」の多くは「技能習得」よりも短期的な「出稼ぎ」「金稼ぎ」が目的になっており、また使用する側も「低賃金労働力の利用」とみなしており、そのため入国後に後悔・失踪・自殺する実習生が続出している。この制度に依拠して人手不足の問題を「解決」することは、長期・安定的な雇用対策にはなりにくいであろう。ちなみに、日本弁護士連合会（日弁連）は、問題点の多いこの制度に反対している。

　なお、2019年4月から出入国管理法の「改正」により、特定技能の資格を取得した者に在留資格を付与することになったが、資格認定に必要な技能試験などが国内外で想定通りには実施できていない（2019年現在）。

●求められる人手不足対策の機械化・省力化・ロボット化

　生協組織は、これからも事業の存続・発展に必要な一定の質と量の人材確保は不可欠だが、同時に可能な限りの業務の省力化・機械化・ＩＴ化・ＡＩ化・ロボット化を追求せざるを得ない。

　営業店舗においては、レジ打ち業務の省力化として、すでに「セルフ清算機」「セルフレジ機」が導入されている。また「無人決済システム」「キャッシュレス決済」「スマホ決済」「顔認証の決済システム」などは技術的に確立しており、社会的に普及しつつある。なお、コンビニ業界では、全店の「セルフレジ」化を追求しているし、すでに「無人コンビニ」が登場している。

　また、物流・配送の人手不足の代替手段（機械化）として、一部の営利企業（楽天、西友など）では、すでにドローン配送を実施している。「ドローン配送」は、国土交通省が離島や山間部に限り規制緩和している（「朝日新聞」2018 年 8 月 12 日）。大都市圏での普及には、技術的・社会的なインフラ・環境・条件の整備が不可欠であるが、ドローン操作資格取得のための「ドローンスクール」が各地に開校されるなど、条件整備は急速に進展している。

　また、運転手不要の無人配送車（自動運転クルマ）や宅配ロボットは技術的には現実化しているが、現段階では社会的なインフラ整備が課題である。しかし、「ドローン配送」と同様に「無人配送車」も遠からずインフラが整備されて現実化するであろう。

　このような物流・配送分野でのＩＴ化・ＡＩ化・ロボット化・無人化は、他方では多くのコストも掛かり、投資計画は慎重にならざるを得ないが、生協もこのような技術的な動向を注視せざるを得ないであろう。

　生協組織が、厳しい経済環境のなかで 21 世紀を生き残るには、業務の大胆な省力化・機械化・イノベーションを断行しつつ、新しいビジネスモデルの開発・構築・導入が急務であり、それとの関連で雇用政策・雇用戦略を抜本的に見直して、事業継続に必要な質量の人材を安定的に確保するしかない。

●人材募集に応募する学生側の意識・期待とは何か

　生協組織は、ますます狭隘化する労働力市場にて、人材獲得をめ
ぐる厳しい競争に、生き残りをかけて勝ち抜かねばならない。そこ
では、どれだけ必要な人数を確保できるかの量的競争のみならず、
同時に、どれだけ優秀な人材を確保できるかという質的競争もあ
り、その2点において優位性を獲得しなければ、生協組織の生き残
りは困難であろう。

　厳しい人材獲得の競争のもとでは、人材を募集・確保する側は、
応募・求職する側に対して、相当に魅力的な誘因・インセンティブ
を提供しない限り成功しないであろう。それは後述するように、必
ずしも「給与額」の問題ではない。近年、新卒学生の売手市場が続
くなかでは、学生に選ばれる職場組織、働きたくなる魅力的な職場
組織でなければ見向きもされない。つまり、人材を募集する側は、
応募する側の意識・欲求・動機・期待などを事実に即して正確に把
握・認識する必要がある。仮に「思い込み」「推測」「勘違い」に基
づき募集活動をしても、早々にミスマッチとなり、成果は少ない。

　では、応募する側（募集される側）は、仕事や勤務先を決める（選
択する）際に、一体、何にこだわり、何を求めているのか、ここで
は、いくつかの調査結果を紹介しよう。まずは新卒採用に該当する
学生についてみよう。

　日本生産性本部の平成28年度新入社員「働くことの意識」調査
結果によれば、学生が「会社を選択する際に重視した要因とは何
か」の質問についての回答は次のようである。最も多かった回答
は、「自分の能力・個性が生かせる」かどうか（33.2％）、次いで

「仕事が面白い」かどうか（17.3％）、そして「技術が覚えられる」かどうか（12.3％）の順となっている。つまり、学生たちは、会社選択の際には、仕事・職務を通じて自分の能力や個性を発揮して自己実現できるか否かを重視している、と読み取れる。少なくとも、会社の選択の際には、給与の高いことは重要視していない。

　また株式会社マイナビが行った2017年３月卒業見込みの学生に対する調査結果によれば、「あなたの企業選択のポイントは何か」の質問に対する回答は、次の順であった。最も多い回答は、「自分のやりたい仕事（職種）ができる」こと（38.4％）である。次いで企業が「安定している」こと（28.7％）、そして「働きがいがある」こと（16.0％）の順になっている。ここでも学生たちは、企業選択の基準として仕事・職務・労働における生きがい・やりがい・働きがいが、安定的に得られることを重視している、と読み取れる。

　ちなみに、同調査の「行きたくない会社」についての質問は、回答の多い順で「暗い雰囲気の会社」（36.0％）、「ノルマのきつそうな会社」（30.4％）、そして「休日・休暇がとれない（少ない）会社」（27.1％）となっている。なお、「給料の安い会社」（13.0％）は、必ずしも「行きたくない」要因ではない。

　つまり、この調査からも、学生たちは就職先を選択する際には、生きがい・やりがい重視であり、給料の高さを必ずしも重視していないことが読み取れる。

　さらに、株式会社リクルートキャリアの『就職白書2015年』によれば、学生が「会社を選ぶときにもっとも重視した条件は何か」についての質問（2015年卒者の就活開始時点）の回答は、多い順に挙げると、「業種」（30.0％）、「勤務地」（19.0％）、「職種」（17.4％）となっている。このように多い回答は、仕事・職務に関することで

あり、前述の調査結果とも重なり、自分のやりたい仕事・業種への
こだわりの強さが示唆されている。「勤務地」については、遠隔地
転勤を望まないという意味かもしれない。なお、ここでも「給与水
準」（5.6 %）については、相対的に見て、ほとんど重要視されてい
ないことが分かる。

　以上の３つの調査結果から共通して言えることは、今どきの学生
たちは、勤務先・職場を選択・決定する際には、仕事・職務・労働
の生きがい・やりがい・成長・自己実現を求めており、自分の能力
を生かして楽しく安定的に働けるのであれば、給料はあまり気にし
ない、ということであろう。少なくとも、上記の３つの調査は、そ
のように示唆している。

●人材募集に応募する主婦の側の意識・期待とは何か

　では、パート勤務を希望する主婦の場合はどうであろうか。株式
会社インテリジェンスの「アルバイト・パート仕事探しに関する意
識調査 2012」によれば、主婦が「仕事探しで重視する点」は何か
の質問に対する回答は次の順であった。

　いちばん多かったのは、「自分にもできそうな仕事である」こと
（55.6 %）、次いで「勤務地が自宅から近い」こと（53.6 %）、そして
「店長や社員の人の雰囲気が良い」こと（53.0 %）、「興味のある仕
事内容である」こと（48.3 %）、「やりがいのある仕事内容である」
こと（42.4 %）である。さらに、それに続いて「時間の融通がきく」
こと（41.1 %）、「交通費が支給される」こと（37.7 %）、「長い期間
働ける仕事である」こと（34.4 %）の順になっている。ちなみに、
その次が「給与が高い」こと（28.5 %）である。

　このように、同調査によれば、パート勤務を希望する主婦が重視していることは、仕事のやりがい・内容・興味、職場の良い雰囲気とともに、勤務地の近さや自由度の高い働きやすい職場である。なお給与についてのこだわりは、相対的にさほど強くないことが示唆されているが、この点は、後述する配偶者控除や社会保険被扶養者の問題が影響している。

　また、株式会社アイデム・人と仕事研究所の「主婦パートの働き方に関する調査」（2016 年 7 月 13 日）によれば、「パート・アルバイトとして働く理由」は何かの質問に対する回答は、次の順である。

　いちばん多かったのは、「生活と仕事の両立を図りたいから」（54.8 ％）であり、次いで「自分の良い時間や曜日に働きたいから」（53.4 ％）となっており、主婦パートの場合には、家庭生活との両立ができる自由度の高い働きやすさ志向の強いことが読み取れる。ちなみに「家の近くで働きたかったから」は 35.1 ％となっている。

　なお「扶養の範囲内で働きたいから」は 42.4 ％となっているが、ここで明らかなように、主婦の場合には配偶者控除や社会保険被扶養者の問題を意識して、給与が一定限度額内に収まる働き方を志向している。

　この点について、ライフネット生命株式会社の「パート主婦の働き方に関する意識調査」（2015 年 12 月 1 日）によれば、パート主婦のうち「年収が 103 万円以下になるように制限している」者が 56.5 ％、また「年収が 130 万円未満になるように制限している」者が 19.8 ％である、と報告している。つまり、パート主婦の場合は、大半の者が、配偶者控除や社会保険被扶養者の問題を意識して、自らの年収（給与額）を意識的に制限して働いている。

　なお、このライフネット社の調査は 2015 年現在のものであるが、

2018年度の税制改正により配偶者控除額が130万円に引き上げられるなど変更されたが（詳細は財務省「平成30年税制改正」を参照）、パート主婦が一定限度額内に調整して働く傾向は同じであろう。

このような自己抑制の下では、パート主婦の多数派は「壁」の範囲内の給与額で「容認」「満足」「許容」「希望」「我慢」することになるのだろう。

●展望のもてる魅力的な職場づくりが人材確保の不可欠な前提

いま、日本の労働力人口の絶対数が減少し、労働力市場が狭隘化するなかで、生協組織に限らず、あらゆる業界・業種の事業組織において、人材の確保・獲得の競争は激化している。その際に、募集する側は応募する側の欲求・動機・意識・期待に応えられる魅力的な職場づくりをしなければ、量的にも、質的にも、必要人材の獲得に成功しないであろう。

先に見た調査結果をまとめると、学生も、主婦も、応募する側が共通して重要視していることは、職務・仕事・労働における生きがい・やりがいが享受でき、充実感・成長感の充足できる職場である。つまり、自己実現欲求・成長欲求の充足できる職場、すなわち職務満足度の高い職場にて安定的に働きたい、ということである。とくに主婦パートの場合には、職場の雰囲気とともに自由度が高くて家庭生活と両立できる働きやすい職場を望んでいる。

「給与水準」については、学生と主婦では、置かれた条件が異なり動機の根拠は異なるにせよ、両者ともに相対的にあまり重要視していない。ということは、仮に募集する側が「給与水準が低いから人が集まらないのだ」「給与水準を高くすれば従業員満足度は高ま

る」「給与水準さえ上げれば人材確保できる」という「思い込み」「勘違い」「推測」を前提に募集活動をしても、意図に反して、必ずしも思い通りに人材を確保・採用できない。仮にできたとしても、長期の定着が望めない、ことを意味している。つまり募集する側は、応募する人間の「衛生要因」に対応するのではなくて、あくまでも「動機づけ要因」に対処・対応すべきであろう。

　現在、人材の確保・定着がままならぬ生協組織にとっては「思い込み」「勘違い」を払拭して、なによりも「働きやすくて、仕事・職務に生きがい・やりがいを感じる、従業員満足度の高い魅力的な職場づくり」こそが、急務の課題であろう。少なくとも各種の調査結果は、そのように示唆している。

　しかしながら、厳しい事業環境のなかにあって地域生協で働く正規労働者の圧倒的多数派は、必ずしも自らの職場に明るい展望を見出せていない、という。生協労連が地域生協の正規労働者に聴いた「生協運動や仕事に対する展望」の有無の調査によれば、圧倒的多数派の単組において「展望なし」という回答が（「展望あり」とする回答に比べて）高い比率を占めている（生協労連調査、2018 年）。逆に「展望あり」の回答比率の方が「展望なし」の回答比率を凌駕している単組は、「コープみやざき」など数単組でしかない。

　この調査結果が示すように、地域生協で働く正規労働者の圧倒的多数派が自らの勤務する生協職場に展望がないと認識していることは深刻な事態であろう。生協組織が、長期的に事業を存続・発展するためにも、必要な質と量の人材を安定的に確保するためにも、「未来に展望の持てる職場」づくりが急務の課題であろう。言うまでもなく、それはひとえに理事会・理事長・役員など組織リーダーの経営責任である。

⑰ 生協組織とバイトテロ

●バイトテロの生まれる背景とは何か

　近年、飲食店や小売店などにて「バイトテロ」なる「犯罪」が多
発しているようだ。これはアルバイトで働く若者たちが、勤務先に
て故意に不衛生・不謹慎な行為をして、その映像をネット上に配信
し、多くの人の注意をひき、顰蹙を買って「炎上」させることを言
うようだ。

　それは、過激映像の配信による炎上を楽しむ愉快犯の仕業・悪戯
ではあるが、同時にアルバイト先の経営に種々の打撃を与える悪質
な犯罪でもあり、業務妨害罪、信用毀損罪、器物破壊罪などに該当
する。その結果として、店舗を長期休業したり、閉店を余儀なくさ
れたり、多額の経済的損失が発生する場合は少なくない。

　近年、この種の「犯罪」が目立つようになったが、その社会的な
背景には、言うまでもなく劣悪な労働条件を余儀なくされるアルバ
イトの増加がある。

　現在、日本の働く人の約半数近くは、パート・アルバイト・契約
など低賃金の非正規雇用者たちである。そのため、この間に「共働
き世帯数」が一貫して増加したとはいえ、1世帯あたりの収入額は
一貫して減少しており、その結果、国際的に見て日本は相対的貧困
率の高い国の仲間入りをしている。

　大学生の場合、この間の親の減収のために仕送りが減り、奨学金
制度が不十分の中でアルバイトに追われる者は少なくないが、卒業
しても低賃金で不安定な非正規雇用者として「就職」せざるを得な

い学生もまた少なくない。

　どこの大学でも、卒業生の「就職者数」のなかには、長期アルバイト者を含めているので、「わが大学の就職率は 100 ％だ」と言ったところで、決して喜べる数字ではない。卒業後もアルバイトでしか働けないとすれば悲惨な現実であろう。安倍総理は「アベノミクスの成果で雇用が拡大した」などと言うが、国民に錯覚・誤解を与えかねない許しがたいプロパガンダである。

　かつて、筆者は某自治体の依頼で、その地域の 20 代の若者の意識調査に取組んだが、「いま不安に思っていること」の項目について、一番多い回答が「老後の生活が不安だ」であった。この調査結果について、首長ともども愕然としたことが思い出される。いまどきの若者たちは、もはや未来に向かって「大志を抱く」ことも叶わない。将来の自分の老後の暮らしに不安を抱いて生きているようだ。

　多くの若者・青年たちが、低賃金で劣悪な不安定雇用の労働条件を甘受せざるを得ない現実のなかでは、年金問題をはじめとして老後の生活に不安を覚えるのは当然であろう。

　当面のアルバイト生活もままならず、また仕事に生きがい・やりがいを感じられず、さらに勤務先に労働組合の組織もなく、将来の暮らしの展望も見出しにくいとすれば、やり場のない鬱積したストレスを、私的な「テロ行為」にて「発散」「解決」しようとするのかもしれない。

●バイトテロを生まない組織風土のつくり方

　飲食店や小売店では、その是非はともかく、アルバイトの依存率はきわめて高い。それを使用者側が「低賃金の使い捨て労働力」と

して扱うのか、それとも「戦力化のための貴重な人的資源」として扱うのか、人材マネジメントの考え方・あり方の差によって、現場の組織風土は大きく異なってくる。

　筆者の知る飲食店A社の場合は、後者の典型例である。そこではアルバイトの女子学生がフロアの仕事をすべて担っているが、「労働時間が短いこと」「賃金が時給払いであること」以外については、すべて正規雇用者と同じ扱いである。

　店の側も、バイト学生たちに「会社のためにではなく自分の成長のために働いてほしい」、「ここで学んだことを将来の自分のキャリア形成に役立ててほしい」と言い、社内の「QCサークル活動」への参加の機会も提供している。

　バイト学生たちは、フロアでの接客・配膳の仕事だけではなく、新規のメニュー開発なども委嘱されているので、たとえば「若い女性の好むメニュー」について、自分たちで時間をかけて検討し開発・提案することができる。もちろん、提案メニューが採用されて店の売上に貢献することもある。したがって、彼女らにとっては「バイトの仕事は実に生きがい・やりがいがある」ものになっている。

　この会社のトップ経営者は、時々予告もなく各店舗に出かけて現場の状況を把握している。気の付いたことはメモ書きにして店長に渡すが、具体的に何をすべきかをディレクティングするのではない。メモの内容はすべて「何をすべきか店長に考えさせる」ための気づきを与えるコーチングである。

　そして、フロアのバイト学生や、さらに厨房の隅の洗い場で作業をするパート主婦のところにまで出向き、「いつもご苦労さん、ありがとう」と両手で握手をしながら挨拶をしてまわる。会社のトップ経営者が、組織の最末端のバイト学生やパート主婦に対して、両

手を握って丁寧に謝意を表明してまわるのである。

　この会社では、組織の最末端で働く人々の自主性・自律性・自発性を最も重視している。つまり、「自律人モデルの組織論」「逆ピラミッド型組織論」などと呼ばれている新しい経営学の考え方（現代経営学）に基づいて組織マネジメントが行われている。

　この会社は、しばしば大学教授を招いて社内で組織マネジメントの研究会を開催したり、幹部職員を近辺の経営大学院（ビジネススクールMBAコース）に派遣入学させたり、すべてにわたり研究熱心であり、組織全体が知的な雰囲気で充満している。

　同社のトップ経営者は多くの本を出版しているが、その内容の理論的なレベルも高く、低俗な自慢話や成功談の類いではない。会社の組織全体を支配する道徳性・精神性はきわめて高潔・高邁であり、同社が健全・着実に成長・発展したことは当然であろう。

　この会社には「人間尊重の組織風土」「ヒトを大切にするマネジメント」がすみずみまで支配しており、バイト学生を「低賃金の使い捨て労働力」として扱う発想はないし、「バイトテロ」が起こる余地もない。

●アルバイトは「使い捨て労働力」か「貴重な人的資源」か

　前述Ａ社のように、組織の最末端で作業を担うアルバイトを「戦力化のための貴重な人的資源」として扱うのが、新しい考え方（現代経営学）であるとすれば、アルバイトを「低賃金の使い捨て労働力」として扱うのは古い考え方（古典派経営学）の典型であろう。

　このような新旧２つの考え方の相違を、マグレガーはＸ理論・Ｙ理論に区別して説明している。ここでは、論点の差異を明確にする

ために、それを簡潔に紹介しておこう（邦訳『企業の人間的側面』36
〜 55 ページ参照）。

　X理論（古典派経営学）モデルでは、「組織と個人」を次のように
捉える。

(1)普通の人間は本来的に仕事が嫌いで、もしできることなら仕事は
　　したくないと思っている。

(2)人間は仕事が嫌いであるから、組織目的を達成させるためには、
　　人間に対して、強制したり、統制したり、方向づけたり、脅かさ
　　なければならない。

(3)普通の人間は、命令される方が好きで、責任を回避したがり、あ
　　まり野心をもたず、何よりも安全を望んでいる。

　このように、X理論が前提にしている人間は、他律人モデル（他
律的な行為主体）であり、組織目的の達成のための道具・手段であ
り、牛馬のような存在とされる。つまり、従業員を使い捨て労働力
として扱う考え方の典型例である。ここでの組織づくりの中心原則
は、権限行使によるトップダウンの指示・命令・統制である。それ
は100年以上前のファヨールやテイラーの議論に代表される古典派
経営学の考え方であり、現代社会でも一部のブラック企業において
根強く残存している。

　これに対してY理論（現代経営学）モデルでは、「組織と個人」を
次のように捉える。

(1)働いているときの生理的心理的な努力は、遊びや休養のときのよ
　　うに自然である。

(2)外からの統制と罰の脅威は、組織目的の達成に人びとを貢献させ
　　る唯一の方法ではない。人間は自分の参加している組織の目的達
　　成のために、自分で方向づけし制御するものである。

⑶組織目的の達成に個人が参加する程度は、それを達成して得られる自己実現欲求の満足度に比例している。

⑷普通の人間は、適切な条件さえあれば、すすんで責任を負うものである。

⑸たいていの人間は、組織の問題を解くにあたって、かなり高度の想像力、工夫、創意性を発揮するものである。

⑹現代では、平均的な人間の知的能力はほんの一部しか生かされていない。

　このように、Y理論が前提にする人間は、自律人・自己実現人モデルであり、自由意思をもち自己の欲求・動機に基づき選択力を行使する自律的な行為主体である。それゆえ、組織活動の共通目的の達成のためには、個々の組織成員の動機満足（自己実現欲求の充足）を通じて貢献意欲・貢献活動を確保・獲得しようとする。

　ここでは、アルバイト・パートを含めたすべての従業員・労働者を、貴重な人的資源として戦力化することが課題であり、バーナードやサイモンの議論に代表される現代経営学の基本的な考え方の典型である。

●克服すべき「使い捨て労働力」のマネジメント

　X理論（古典的経営学）の想定する他律人モデル（他律的な行為主体）を前提にすれば、現場の従業員・労働者は指示・命令された通りに手足・身体を動かせばよく、基本的に「考える」ことは無用・不要とされる。

　そこでは、従業員の自律性・自発性・自主性は無視・軽視され、経営者・組織リーダーの決めた行動マニュアルに、従業員を従わせ

る制度が開発・導入される。いわゆる、「構想と実行の分離」の組織マネジメントである。

　また、ここでは従業員・労働者は金銭・モノなど生存欲求・低次欲求に強く動機づけられる存在と見なすので、「賃金を上げれば一生懸命に働く」ことが前提にされている（「経済人モデル」と呼ばれる）。それゆえに、従業員に対する最も効果的な動機づけの方法は、賃金など経済的な誘因の提供とされる。それを前提にして、従業員が仕事のノルマを達成したら「多めの賃金を支払う」が、達成に失敗したら「賃金が下がる」という制度が考案・導入される。そのために、従業員は「賃金が下がる」という恐怖・脅迫・懲罰を避けるために、ノルマ達成に追い立てられる。

　さらに、「他律的な行為主体」を前提にして、専制支配主義・全体主義のピラミッド型組織が当然視される。組織の最末端にて定型的な作業を担うアルバイト・パートなど非正規雇用の人々は、組織目的を達成するための使い捨ての低賃金労働力として見なされて、しばしば「従業員」「社員」の概念からも排除される。

　また、現場のマネージャーは、末端組織のアルバイトが作業マニュアル通りに仕事をしているか否か、不正・怠業・万引・悪戯・悪事をしていないかどうか、たえず監視の目を光らせる。必要に応じて作業現場に防犯カメラ・監視カメラを設置する。つまり、ここではアルバイトなど末端組織で働く人々は、信頼の対象ではなくて、監視の対象にされている。

　このような事業所・事業組織が、未だに現代社会の一部において残存するが、それはひとえに経営者の組織マネジメントの前近代性を示しており、現代経営学にもとづくソーシャルスキルの無理解を示す典型例である。

●求められる「貴重な人的資源」のマネジメント

　Ｙ理論（現代経営学）では、組織の中の個々人（組織成員・貢献者）を自律人・自己実現人モデルとして把握するので、基本的に従業員の自律性・自主性を重視・尊重し、それに依拠して組織活動をマネジメントする。ここでは、アルバイトを含めてすべての従業員・労働者は、成長欲求・自己実現欲求に動機づけられる自律的な行為主体であり、組織活動の共通目的の貢献者であり、戦力化のための貴重な人的資源である。

　ここで前提にされている自律人・自己実現人モデルの概念には、働く人の「雇用形態の差異」「労働時間の長短」「賃金支払い方法の差異」などについては、すべて無視・捨象される。さらに、性別・国籍・民族・宗教の差異も無視・捨象される。

　ここでは、あくまでも組織活動の共通目的の貢献者である点のみが重視され尊重される。したがって、アルバイトを「従業員」や「社員」の概念から排除する理由はどこにもないし、その種の「差別」はあり得ない。

　ここでは、個々の組織成員・貢献者の自主性・自律性・自発性を最大限に尊重・重視する組織運営が前提であり、民主主義的な逆ピラミッド型組織（全員参加型組織）が当然視される。

　したがって、アルバイトやパートを含むすべての従業員に成長欲求・自己実現欲求の「充足」の機会を提供することで、共通目的に対する貢献意欲・貢献活動を確保・強化しようとする。

　そして、従業員満足度の向上が追求され、職務充実や職務満足など、仕事そのものに生きがい・やりがいを感じる制度・取組が開発

される。さらに、「目標管理」「QCサークル活動」「小集団管理活動」「カイゼン活動」など、従業員・労働者の成長欲求・自己実現欲求を充足する制度・取組が開発・導入・実行される。いわゆる、「構想と実行の統合」の組織マネジメントである。

ここでは、すべての従業員・労働者は信頼の対象であっても、監視の対象ではない。したがって、アルバイト従業員を監視するために職場に防犯カメラ・監視カメラを設置するという発想は生まれない。また、その必要性もない。

あちこちで散見されるバイトテロという「犯罪」を生み出す原因は、その半分以上は経営者の組織マネジメント能力・知見・知識の欠如・欠陥に依ることであろう。

●生協組織の経営者に求められる現代経営学の知識・知見

現代経営学とは、先に見たように、バーナードやサイモンの理論を基礎にした一連のマネジメント論の総称であり、前述のマグレガーの理論も含まれている。

具体的には、組織均衡論、経営戦略論、意思決定論、組織行動論、状況適応リーダーシップ論、マーケティング論など、自律人・自己実現人モデル（自律的な行為主体）を前提にした「環境適応のマネジメント論」のことである。

これらの議論は、いずれも国内外におけるビジネス系大学や大学院（ビジネススクールMBAコース）における主要なカリキュラム内容でもあり、現代の標準的な経営学教科書の主要内容でもある。したがって、多くのビジネスパーソン、経営コンサルタント、学生・大学院生たちが、普通に学習している普通の議論であり、論争的な

見解ではない。

　この現代経営学の知識・知見は、今日ではビジネス界における国際的な標準であり、国内外の先進的な企業経営者の多くが習得・実践している組織マネジメントの基本的な考え方である。

　先に見たＡ社の事例は、その典型である。仮にすべての事業組織がＡ社のように組織マネジメントをすれば、アルバイト従業員は貴重な人的資源として戦力化され、やりがい・生きがいをもって意欲的に働くであろう。そこには、バイトテロは生まれようがないであろう。

　Ａ社の事例は、同社のトップ経営者の現代経営学に対する見識・知見の深さと、組織マネジメント能力の卓越性を示しているが、いかなる分野であろうとも、事業組織の経営者がマネジメントに関する専門的な知識・知見を習得・実践することは当然であろう。

　仮にも、生協組織の経営者・組織リーダーが、現代経営学の知識・知見もなく組織マネジメントに携わることは、乱暴・無謀な行為というしかない。

　それは、あたかも「発達科学の知識・知見もなく小学生を教育する行為」「統計学の知識・知見もなく情報を数量的に解析する行為」「コーチング学の知識・知見もなくアスリートを育成する行為」「臨床心理学の知識・知見もなく悩める人にカウンセリングする行為」などに類似している、と言えるだろう。

　組織マネジメントの世界においても、「経験とカン」の時代は、すでに終わっている。

「組織と個人」の統合モデル（新旧比較）

X理論型モデル		Y理論型モデル
個々人を組織の鋳型枠にはめる管理	＞	組織が個々人の多様性に合わせる管理
組織全体の画一性・同一性の重視	＞	個々人の多様性・異質性の尊重
出る杭は叩く（異質思考の排除）	＞	出る杭を引き出す（独創思考の受容）
「おみこし型」の組織マネジメント	＞	「ラグビー型」の組織マネジメント
集団的画一な単線型人材マネジメント	＞	個人別柔軟な複線型人材マネジメント
全体主義的な組織マネジメント	＞	個人主義的な組織マネジメント
トップダウンの重視	＞	ボトムアップの重視
「勝手な事をするな！」	＞	「創意工夫してやれ！」
サボらないように現場を監視する	＞	現場の自主性や裁量に任せる
叱責・指図・ディレクティングの重視	＞	激励・支援・コーチングの重視
管理統制主義	＞	権限委譲主義
他律人・集団人の尊重	＞	自律人・自己実現人の尊重
外聞・世間体の重視（恥の文化）	＞	内面の良心の重視（罪の文化）
「恥じを知れ！」	＞	「自分の哲学を持て！」
「言われた通りに行動せよ」	＞	「自分で考え判断して行動せよ」
仕事は「苦役」のごとし	＞	仕事は「遊び」のごとし
仕事は「辛抱・我慢・忍耐」	＞	仕事は「おもしろ・おかしく・楽しく」
単能工的分業の重視	＞	多能工的ローテーションの重視
労働の細分化・分業化・単純化	＞	職務充実・職務拡大・職務交換
「構想と実行の分離」のマネジメント	＞	「構想と実行の統合」のマネジメント
滅私奉公・組織忠誠心の重視	＞	個々人の人生観・価値観の重視
「組織のために自己犠牲して頑張れ」	＞	「自分の成長と発達のために頑張れ」

「会社が面倒を見てあげよう」	＞	「会社をあてにしないでくれ」
「定年までがんばれ」	＞	「定年までしがみつくな」
組織責任による画一的教育訓練	＞	個人責任による多様な自己啓発
組織主導の能力開発	＞	個人主導の能力開発
「上から外から」の注入主義的動機づけ	＞	「下から内から」の発酵主義的動機づけ
カネ・モノ欲求の重視	＞	自己実現欲求・成長欲求の重視
支配統制型のリーダーシップ	＞	民主的参加型のリーダーシップ
男性中心の職場づくり	＞	男女協働の職場づくり
「男か女か」	＞	「意欲と能力」があるかどうか
「8 時出勤ができぬなら辞めよ」	＞	「フレックスタイム制にしよう」
「仕事と家庭の両立ができぬなら辞めよ」	＞	「両立支援をしよう」
「仕事人間」「会社人間」の尊重	＞	「社会化した自己実現人」の尊重
専制支配的なピラミッド型組織	＞	民主的な逆ピラミッド型組織
トップ少数者の極秘の意思決定	＞	組織成員の参加(直接・間接)の意思決定
情報の寡占化（非公開）	＞	情報の共有化（公開）
ワンウエイの情報チャネル	＞	ツーウエイの情報チャネル
「組織の主役はトップのオレだ」	＞	組織の主役はすべての構成員・貢献者
「会社はトップのオレのものだ」	＞	従業員・顧客・株主・住民・社会のもの
内向きのクローズドシステム	＞	外向きのオープンシステム
トップ中心の経営哲学	＞	社会との共生・共存の経営哲学
トップの自己中心の専制君主経営	＞	組織成員が主役の民主的参加型経営

補注：以上の「新旧比較」は、マグレガーのX理論・Y理論モデルの現代化（模倣）の提示である。マグレガーと同様に、論点を明確にするために、「白か黒か」のように峻別してモデル化しているが、具体的現実はすべてグレーである。ただし、「限りなく白に近いグレー」か、「限りなく黒に近いグレー」かの差異である。

参考文献

(1)C.バーナード（邦訳）『経営者の役割』ダイヤモンド社

(2)H.サイモン（邦訳）『経営行動』ダイヤモンド社

(3)D.マグレガー（邦訳）『企業の人間的側面』産業能率大学出版部

(4)島田恒『新版・非営利組織のマネジメント』東洋経済新報社

(5)渡辺峻『組織と個人のマネジメント』中央経済社

(6)渡辺峻『ワークライフバランスの経営学』中央経済社

(7)渡辺峻『生協組織をもっと元気にするためのやさしい組織論入門』文眞堂

あとがき

　学生時代の頃のことだから、もう 50 数年も前のことである。友人が下鴨神社のそばに下宿していたので、よくそこに遊びに出向いた。しばらくしてから、その下宿の奥の離れの家屋に、能勢克男先生が住んでいることを知った。

　能勢先生と言えば、戦前戦中の京都において反ファッシズムの闘いに取組まれたご高名な人物であったから驚いた。その後しばらくして、能勢先生を理事長とする京都洛北生活協同組合が発足したことも知った。いまの京都生協の前身であった。

　それから数年後、前後のいきさつは記憶にないが、能勢克男先生よりご著書を頂戴した。『文芸・わいせつ・裁判――能勢克男随筆集』（有光書房）であり、内扉に「渡辺峻君　恵存　1970 年 7 月　著者　克男」のサインも付けて下さった。ご著書を頂戴した経過が、今となって少しも思い出せないことが残念ではあるが、まことに有り難いことであった。

　1979 年に能勢先生がご逝去され、しばらくして、ご遺族から、今度は先生を回想する文集（『回想の能勢克男――追悼文集』1981 年）をご送付いただいた。これまた思いがけないことであり、またもや恐縮してしまった。文集には、能勢先生の文章・写真・略歴・思い出など関係情報が所収されていた。巻末には、御子息によりご臨終の様子が克明に記録されていたが、最期の息を引き取る直前に静かに微笑んだ、と記されていた。

　あれから瞬く間に多くの歳月が流れてしまった。ふとしたご縁で、近年になり、京都生活協同組合の役員を引き受けることになっ

た。そして、2014年秋には、創立50周年記念式典に参加したが、会場にて「京都生協50年史年表」を見ながら、初代理事長の能勢克男先生のことなどが思い出された。

　同じ祝宴の会場にて、偶然にも学生時代のゼミの恩師の奥様と出会った。恩師はすでに他界したが、永い間、京都生協の役員をされ、同じく奥様もまた永らく役員を務めたので、その関係での記念式典の参加であった。

　祝賀で賑わう宴席の片隅にて、京都生協50年の歴史に関わる個人的なアレコレのコトが走馬燈のように思い出され、ふしぎな御手の導きを覚えた。

著者紹介

渡 辺　　峻　（わたなべ　たかし）

京都生活協同組合有識監事
くらしと共同の研究所・研究員
立命館大学名誉教授・経営学博士
主な著書
『組織と個人のマネジメント』中央経済社
『ワークライフバランスの経営学』中央経済社
『生協組織をもっと元気にするためのやさしい組織論入門』文眞堂

生協組織のマネジメント

2020年9月15日　第1刷発行

著　者	渡辺　峻	
発行者	黒川美富子	
発行所	図書出版　文理閣	
	京都市下京区七条河原町西南角 〒600-8146	
	電話 (075) 351-7553　FAX (075) 351-7560	
	http://www.bunrikaku.com	
印刷所	新日本プロセス株式会社	

ⒸTakashi WATANABE 2020
ISBN978-4-89259-870-8